本书为西昌学院博士科研启动项目（立项编号：YBS202 ）

经济管理学术文库·管理类

乡村振兴背景下
民族地区传统村落保护与发展研究

Research on the Protection and Development of Traditional Villages in
Ethnic Areas under the Background of Rural Revitalization

丁　涛／著

经济管理出版社
ECONOMY & MANAGEMENT PUBLISHING HOUSE

图书在版编目（CIP）数据

乡村振兴背景下民族地区传统村落保护与发展研究 ／
丁涛著. -- 北京 ： 经济管理出版社，2024. -- ISBN
978-7-5243-0075-5

Ⅰ．K928.5

中国国家版本馆 CIP 数据核字第 20248AC617 号

组稿编辑：王　慧
责任编辑：杨　雪
助理编辑：王　慧
责任印制：张莉琼
责任校对：王淑卿

出版发行：经济管理出版社
　　　　　（北京市海淀区北蜂窝 8 号中雅大厦 A 座 11 层　　100038）
网　　　址：www. E-mp. com. cn
电　　话：（010）51915602
印　　刷：北京晨旭印刷厂
经　　销：新华书店
开　　本：720mm×1000mm/16
印　　张：10.5
字　　数：150 千字
版　　次：2024 年 12 月第 1 版　　2024 年 12 月第 1 次印刷
书　　号：ISBN 978-7-5243-0075-5
定　　价：79.00 元

目　录

第一章　我国乡村振兴战略概况

一、理论渊源

（一）重农思想

1. 先秦时期的农本思想

在古代，农业是社会发展之根本，我国历史上最早的农业科学著作是《氾胜之书》。农业是社会生活的基础，在战国时期，个体经济得以发展，新兴地主阶级诞生，《汉书·志·食货志上》记载了"农伤则国贫"的论述。战国时期的商鞅高度关注农业的发展，在实行商鞅变法时就将农业作为根本，实施了有助于农业发展的各项政策，大大增强了秦国国力，这一时期的重农思想极大地推动了社会生产力发展，也为后续重农思想提供了来源。

2. 汉朝的重农思想

汉朝吸取了秦王朝的教训，强调"无为而治"，实施"与民休息"的治国政策，从汉高祖到汉景帝，多次发布诏书大力推进农业生产。由此，农本思想逐渐成为封建王朝的主流思想。在此期间，西汉的贾谊、晁错，以及东汉的王符等对重农思想有了深入阐述，认为只有发展农业，才能让人民安乐、国家兴旺。

3. 唐宋时期的重农思想

唐宋时期，商品经济迅速发展，但是重农思想的地位并没有因此被撼动。例如，在宋代，以范仲淹和王安石为代表的改革派都将农业作为改革重点，范仲淹提出"养民之政，必先务农"，王安石认为"欲富天下则资之天地"。王安石在推行变法的过程中，通过调整农村社会关系、改善农业生产环境等来减轻农民负担，并着重减轻私人高利贷、地主等对农民的剥削。在南宋时期，随着"海上丝绸之路"的开通，农业和工商业之间的矛盾开始激化。这一阶段，尽管统治者开始放松对工商业的限制，但是从未忽视过农业的根本地位。

4. 元明清时期的重农思想

元朝统治者延续了前朝的重农思想，并且专门设置了"劝农司"和"司农司"。明清时期，农业经济高度发展，由此带动了工商业的发展，新兴市民阶层逐渐形成。但明清时期依然延续了自汉代以来的"重农思想"，且这一思想居于统治地位。

从古到今，农业一直都是社会发展的基础，其地位是不容撼动的，要使国家稳定，必须要保障农业的稳定发展。但是传统的小农经济生产力水平低下，无法抵抗战争的破坏和冲击，每一次的王朝更替都会对农业生产带来负面影响。因此，历朝历代为了维护统治，都要求坚持重农思想不动摇。

（二）"三农"理论

一直以来，党和国家都高度关注"三农"问题，将其置于重点位置来考虑，乡村振兴战略的提出正是为了解决"三农"问题，为"三农"问题的解决提供适合的实践路径。"三农"理论是基于马克思恩格斯农业思想理论、新时期农业发展新情况提出的,其核心内容包括以下几个方面:

1. 马克思恩格斯农业思想理论

马克思认为,农业的发展是国民经济和恩格斯农业思想理论发展的基础。马克思认为,小农经济会不可挽回地走向灭亡。因此,马克思和恩格斯主张农民走合作化发展道路。在此基础上,列宁明确指出:"合作社作为资本主义社会中的一个小岛,它是商店。但是,如果合作社普及到土地社会化和工厂国有化的整个社会,那它就是社会主义了。"① 马克思和恩格斯还认为,高度发达的生产力会致使城乡之间出现分化,在分化初期,由于社会生产力不发达,其影响并不明显,在工业革命的发展下,城市迅速发展,城乡之间的关系发生了明显变化,只有进入社会主义社会,才能扭转城乡之间的对立关系。②

另外,在《关于费尔巴哈的提纲》《自然辩证法》等马克思、恩格斯的著作中针对人与自然之间的关系进行了论述,其普遍认为,人与自然之间是和谐共生的关系,这也为传统村落的保护提供了启示。首先,人类的所有活动都要以自然规律为前提,任何文明形式都要建立在自然规律的基础上。马克思、恩格斯认为,人与自然之间具有"一体性","我们连同我们的肉、血和头脑都是属于自然界和存在于自然界之中的;我们对自然界的整个支配作用,就在于我们比其他一切生物强,能够认识和正确运用自然规律"③,不管是在生产还是在生活中,都必须要意识到生态文明的重要意义。其次,人是自然界的组成之一,具有主观能动性,人的生存与发展与自然息息相关。人与自然之间的关系有两个问题:一是盲目地崇拜自然,忽视了人的主观能动

① 列宁全集(第27卷)[M]. 北京:人民出版社,1990.
② 王伯鲁. 马克思农业技术思想解读[J]. 科学技术哲学研究,2009,26(5):63-68.
③ 马克思恩格斯文集(第9卷)[M]. 北京:人民出版社,2009.

性；二是一味地向自然索取。最后，资本主义的生产方式已经出现了生态问题。马克思担任《莱茵报》编辑时期，他在现实中看到了资本主义私有制对人与自然关系的统摄，物质利益凌驾于人的生存权利之上，按照正义逻辑建立的国家与法却为私权辩护，这是马克思进行资本主义生态批判的肇始。那么解决生态危机，转变社会经济结构，就要从根源入手，不仅要解决人与自然的矛盾，更要解决人与人的冲突。①

2. 马克思主义"三农"理论的中国化

一是农业合作化理论的推行。在中华人民共和国成立之后，毛泽东同志到河北视察，在听取了地方同志的汇报后指出："看来，农业不先搞机械化，也能实现合作化，中国不一定仿照苏联的做法。"邓小平同志则指出："中国人口的百分之八十在农村，如果不解决这百分之八十的人的生活问题，社会就不会是安定的。工业的发展，商业的和其他的经济活动，不能建立在百分之八十的人口贫困的基础之上。"

二是城乡融合理论与城乡关系的调整。物质基础较好的社会主义能够促进城乡之间的融合发展。以往我国的生产力水平不高，缺乏城乡融合发展的条件，并且受到社会福利、城乡二元化、户籍因素的影响，城乡居民的收入差距较大，影响了我国经济社会的发展。如今，在农村改革的持续推进下，国家经济实力大幅增强，已经有了反哺农村的能力。

三是工农联盟思想的发展。农民阶级和无产阶级之间有着密切联系，因此，必须要争取农民的支持。中华人民共和国成立以来，我国高度关注农村经济的发展，就是为了让广大农民群众能够共享发展成果。工农联盟思想在我国的发展有效解决了农民在生活和生产中的困难。

---

① 李傲挺.《资本论》中马克思生态批判思想的整体性透视［J］. 中国地质大学学报（社会科学版），2024，24（4）：11-21.

3. 中国共产党历代领导人对"三农"理论的探索

毛泽东同志一直都非常关注"三农"问题，并且在投身中国革命的伟大实践中愈加认识到农民、农业、农村的作用。"农民问题乃国民革命的中心问题，农民不起来参加并拥护国民革命，国民革命不会成功；农民运动不赶速地做起来，农民问题不会解决；农民问题不在现在的革命运动中得到相当的解决，农民不会拥护这个革命。"这是毛泽东同志在《国民革命与农民运动》中写下的一段话。在土地改革完成后，毛泽东同志又适时地提出"走农业合作化道路"，为我国农村社会主义改造奠定了基础。历史证明，毛泽东同志对于"三农"的理论探索重振了中国农村经济，夯实了农业的基础地位，为国民经济的发展提供了强大后盾，也为后续乡村振兴战略的实施带来了启迪。

邓小平同志总结我国农业发展的经验教训，始终把调动广大农民的积极性作为制定农村政策的基本出发点。邓小平曾经指出，"改革首先是从农村做起的，农村改革的内容总的说就是搞责任制，抛弃吃大锅饭的办法，调动农民的积极性"①，在制订改革发展计划时，也会听取广大农民群众的意愿。邓小平同志突破了以往的农业机械化观念，提出农业发展和进步需要依托科学技术，让"三农"工作得到长效发展。

21世纪初期，以江泽民同志为核心的党的第三代中央领导集体立足中国国情，针对农业发展中存在的新问题，创造性地提出了解决"三农"问题的战略思想，走出了具有特色化的"三农"道路。江泽民强调："农业始终是战略产业，粮食始终是战略物资，必须抓得很紧很紧，任何时候都松懈不得。"②

以胡锦涛同志为总书记的党中央对"三农"问题重要性的认识持续升级，将其上升至全党工作的关键性位置。胡锦涛同志指出，要贯彻落实好中

---

① 邓小平.邓小平文选（第三卷）[M].北京：人民出版社，1993：117.

② 中共中央文献研究室.江泽民论有中国特色社会主义（专题摘编）[M].北京：中央文献出版社，2002：120.

央关于加强"三农"工作的大政方针，扎实推进社会主义新农村建设，关键在于加强领导、狠抓落实。各级党委和政府要切实把"三农"工作摆上重要议事日程。在具体措施上，出台了大量强农惠农政策，包括增加财政投入、为农民提供各项补贴、取消农业税、建立保障制度等，这一系列举措从细节上着眼于农民的切身利益，更加务实，体现了"以人为本"的思想观念。

步入新的历史时期后，中国共产党的生态文明思想也变得日益成熟。党的十八大报告将生态文明建设纳入"五位一体"布局，并创新性地提出了建设美丽中国。党的十八大以后，以习近平同志为核心的党中央立足当前的生态状况，探索推进生态文明建设的具体路径，提出了"坚持人与自然和谐共生""绿水青山就是金山银山"。习近平总书记提出："从中华民族伟大复兴战略全局看，民族要复兴，乡村必振兴。从世界百年未有之大变局看，稳住农业基本盘、守好'三农'基础是应变局、开新局的'压舱石'。"在此基础上，习近平总书记还提出了环境就是民生的生态思想，主张在经济发展进程中要让人民群众共同享受到发展红利，而保护生态同样也是一种民生问题，这为传统村落的保护提供了方向指引。

（三）绿色发展理念

习近平同志在党的十八届五中全会上提出了创新、协调、绿色、开放、共享"五大发展理念"，其中，"绿色发展理念"要求发展环境友好型产业，采用对应的节能减排措施，兼顾保护自然、经济发展的需求。要落实绿色发展理念，需要做到生活方式和生产方式的绿色化，这也为乡村振兴战略的实现提供了理论支持。绿色发展理念与美丽中国的建设目标是一脉相承的，都体现了国家对于乡村生态文明建设的重视程度。中共十八届五中全会报告中的相关表述包括"坚持绿色发展，必须坚持节约资源和保护环境的基本国策，坚持可持续发展，坚定走生产发展、生活富裕、生态良好的文明发展道路""积极承担国际责任和义务，积极参与应对全球气候变化谈判，主动参与 2030 年可持续发展议程"等。

党的十九大报告中，习近平同志指出，"加快建立绿色生产和消费的法律制度和政策导向，建立健全绿色低碳循环发展的经济体系"。自党的十八大提出"建设美丽中国"的要求以来，习近平同志在多个场合对绿色发展的内涵进行了系统阐述，如"要正确处理好经济发展同生态环境保护的关系，牢固树立保护生态环境就是保护生产力、改善生态环境就是发展生产力的理念""要大力推进生态文明建设，强化综合治理措施，落实目标责任，推进清洁生产""中国将更加注重绿色发展，把生态文明建设融入经济社会发展各方面和全过程"。

目前，绿色发展是全球积极倡导的一种社会发展方式，兼顾了社会和谐、可持续性和经济效率。绿色发展的目标要求以环境保护作为出发点，采用可持续发展战略，这一模式已经受到世界各国的广泛认可。不少国家和地区将其作为优化经济结构的重要举措，积极向公众宣传绿色发展的思想观念。绿色发展要求关注人与自然的和谐共生，倡导绿色、低碳、循环，鼓励人们从自己做起、从小事做起，改变不利于生态文明建设的行为，合理利用资源，积极主动地保护生态环境，从而维持生态的平衡。为了践行绿色发展理念，需要在乡村中做好生态文明教育工作，让广大农民养成健康、文明的绿色消费观念。

（四）全面发展理念

马克思认为，人的发展是"人以一种全面的方式，也就是说，作为一个完整的人，占有自己的全面的本质"[1]，全面发展与片面发展是两个相对的

---

① 马克思，恩格斯．马克思恩格斯全集（第 42 卷）［M］．北京：人民出版社，1979：123.

理念。长期以来，受到经济、政治等因素的制约，人的发展往往是片面式的①。从我国的历史发展来看，我国古代以儒家伦理作为核心思想，高度重视人的道德，导致人沦为了"道德人"。而西方社会则与我国不同，他们强调个人主义、崇尚经济至上，随着现代科技的发展，人们对于科技产生了过度依赖，变成了一种"工具人"。马克思在全面分析各种发展理念的基础上提出了全面发展理念，所谓全面发展，是人的本质的对象化②。人的全面发展包括三个核心内容：一是劳动活动的全面发展，具体表现为活动形式、活动内容得到显著丰富；二是社会关系的全面发展，强调个人关系全面和普遍的发展；三是人的个性发展，强调组成机体各种要素的均衡发展，包括情感、认知、意志等。要实现个性发展，需要重视以下三点：首先需要建立在全面发展的基础上，人的全面发展离不开精神生活、自我实现、社会关系、物质需求等；其次要促进人的能力的全面发展，包括体力、智力、社会能力、自然能力等的个性化发展；最后要强调人的独特性，需要发挥出个体的主观能动性和创造性。上述三个内容是循序渐进的递进关系。

在乡村振兴战略的实施过程中，也要坚持人的全面发展，破除"道德人"、"经济人"和"工具人"的局限性。在当前市场经济体制下，追求物质是必然会存在的，但过于追求物质会忽视道德和政治，给乡村经济发展造成不良影响。因此，在乡村振兴战略的实施过程中，需要融入人的全面发展观，突出农民的主观能动性。思想意识的差异，会导致其行为选择的不同。当然，人发展的全面性并不是没有侧重点，在不同阶段和不同条件下，每个人的发

---

① 张楚廷. 全面发展实质即个性发展——重温马克思全面发展学说的启示 [J]. 北京大学教育评论，2004，2（2）：70-74.

② 李斯霞. 马克思全面发展学说与当代中国发展的价值取向 [J]. 佛山科学技术学院学报（社会科学版），2005，23（5）：64-67.

展重点也会有差异。因此，乡村振兴战略的实施也需要充分考虑到农民的实际特点和社会发展情况。

二、乡村振兴战略的提出背景

乡村振兴战略的提出旨在解决"三农"问题，这与以往的农村发展政策不同。乡村振兴战略是一个系统化的逻辑体系，是一个具有可行性的战略。它是在我国经济发展步入新常态、社会主要矛盾发生变化的时代背景下提出的，具有重要的理论和现实意义。

（一）经济发展步入新常态

近年来，我国经济发展增速放缓，经济发展进入新常态，在此背景下，我国经济发展从传统的依靠投资要素驱动转化为创新驱动，经济运行也出现了全新变化。从消费与投资角度来看，消费者更加重视产品质量，消费也开始逐步超过投资和出口，成为助推我国经济发展的主要动力。从经济结构层面来看，在城市化进程的发展下，第三产业表现出蓬勃发展趋势。从资源环境层面来看，我国经济发展给环境带来了较大影响，需要转变发展方式，以绿色理念作为引导，减小经济发展对环境带来的破坏。综合各类因素来看，我国经济正在朝着结构合理、复杂分工、高级形态的方向发展，产业结构也迎来了重大调整。

在经济发展进入了新常态之后，我国的产业结构也发生了变化，尽管第三产业的发展态势良好，但第三产业依然离不开第一产业和第二产业的支撑。

由此，需要发挥出农业和农村的支柱性作用，助推农业供给侧的结构性改革，为农村经济的发展带来新的生机和活力。促进农村经济的发展，能够为第二产业和第三产业带来支撑，减少产业结构调整阻力。因此，基于农业经济在国民经济中的重要地位，需要根据农业、农村的发展情况来助推农村改革，以更好地满足经济新常态下的需求。

（二）社会主要矛盾发生变化

党的二十大报告提出：我国社会主要矛盾是人民日益增长的美好生活需要和不平衡不充分的发展之间的矛盾。社会主要矛盾的变化也为乡村振兴战略的提出带来了依据和支持，如今，我国已实现全面小康，这一时期，人民群众对于美好生活的期待越来越高，而这种期待往往是高层次的，从具体内容来看，人们渴望得到高质量的教育、医疗和养老服务。近年的数据显示，尽管农村居民的可支配收入继续提升，但是农村居民家庭的恩格尔系数表现出下降趋势，表明农民在基础性消费方面持续降低，对于其他层次的消费有了较高要求，传统的发展模式显然已无法满足农民的需求。原因主要包括两点：一是由于城镇化率偏低，难以让所有农民共享城市化的发展结果；二是受城乡二元结构的影响，农民无法享受到与城市居民同等优质的资源，影响着农村的发展。基于此，我国提出乡村振兴战略，其目标就是为了满足农民需求，使之能够共享发展成果。

具体来看：首先，城乡居民人均可支配收入差距较大，尽管我国经济水平在不断发展，城乡居民的收入也在持续增加，但两者之间的差距依然较大。改革开放以来，我国经济发展取得了突出成果，但城乡之间的发展差距并没有从根本上得到消除。其次，农村基础设施的建设水平较低，在长期努力下，农村基础设施不断改善，农民的居住环境、生活质量均得到了明显提升，但与城市居民相比还有一定差距，农村的整体发展相对滞后。最后，农村空心化问题比较严重，大量农村人口外流，导致农村缺乏内生发展动力。

（三）新时期的"三农"问题

"三农"问题即农业、农村、农民这三个问题，在不同历史发展阶段中，"三农"问题的焦点也各有差别。党的十八大以来，随着城市化进程的发展，"三农"问题出现了明显变化，表现出突出的时代性特点。

中华人民共和国成立以来，我国农业生产取得历史性成就，农村面貌发生历史性变革，农民生活实现历史性跨越。但也必须清醒认识到，全面推进乡村振兴、加快农业农村现代化、扎实推动共同富裕还任重道远，特别是当前城乡发展不平衡、农村发展不充分等问题依然存在。

三、实施乡村振兴战略的意义

（一）理论意义

1. 彰显马克思主义时代化的属性

马克思主义已经被世界上许多国家和地区的人民所接受并得到广泛传播。这是因为马克思主义有着鲜明的科学性和实践性。实施乡村振兴战略是以历史发展规律为基础提出的具有时代意义的话题，体现马克思主义与时代发展相结合的特点。当前，我国社会主义建设步入了新的历史时期，"三农"问题也面临着全新挑战，要解决这些问题，需要以新的指导思想为切入点，乡村振兴战略的提出就是在马克思主义科学理论指导下，用马克思主义基本观点来解答新时期"三农"问题的一项理论成果。乡村振兴不仅是一种结果，更是一种持续的过程，是每一个中华儿女的梦想。乡村振兴需要通过具体实践来实现，助力产业兴旺、振兴农村文化、发展农村教育、保护农村生态环境，这不仅是乡村发展的具体要求，也是社会发展的客观诉求。因此，乡村振兴战略的提出与近现代乡村建设是一脉相承的，是顺应民情需求、国情发展的理论创新，凸显出了马克思主义时代化的属性。

2. 丰富马克思主义中国化的研究成果

在马克思主义中国化的进程中，中国共产党人取得了丰硕的研究成果，如毛泽东思想、邓小平理论等。中国共产党取得的一系列理论成果大都是在实践基础上诞生的。在新时期，要实现中华民族的伟大复兴，必须要重点解决"三农"问题，乡村振兴战略正是为了解决具有中国特色的"三农"问题而提出来的一项新兴理论，这一理论结合中国的具体国情，体现出了马克思主义的科学性，继承了马克思主义经典作家的思想基因，进一步丰富了马克思主义中国化的研究成果。

3. 凸显马克思主义大众化的本质

马克思主义理论有着突出的大众化特点，马克思主义致力于实现最广大人民的根本利益，这并不是单一通过理论来实现，而是要落实到实践之中，关注广大人民群众的利益诉求。乡村振兴战略的提出正是为了提高广大农民群众的生活质量，使之可以享受到社会主义发展的果实。

4. 升华中国共产党执政理念

随着时代发展，执政环境也在不断发生变化，中国社会主义建设道路尽管遇到过波折，但依然保持持续前进。中华人民共和国成立初期，我国大力发展农业、工业，兼顾思想、文化、政治，显著推动了社会主义建设。后来，邓小平同志从当时的国情出发，提出"两个文明一起抓"，社会主义建设步入了新的发展阶段，人民群众对于全面发展有了全新诉求。中国共产党继续强化"以人为本"，提出构建"四位一体"的总体布局。当前，以习近平同志为核心的党中央提出了"五位一体"的总体布局。从微观来看，在改革开放的多年历程中，党在不同阶段对"三农"问题的侧重点也各有差异，从关注农民的物质利益和民主权利，到现在提出了生产发展、产业兴旺，这是一个动态变化的过程。乡村振兴战略的实施在一定程度上表现出了中国共产党执政理念的变化。

（二）实践意义

1. 为其他国家解决农村问题贡献中国智慧

无论是发展中国家还是发达国家，在发展过程中必然会面临乡村衰落问题，因为在工业化、城市化的推进过程中，大量农民涌入城市，一些土地被闲置，农村逐渐成为城市的附属品。从各个国家的发展历程来看，大多是在现代化完成后对农业进行振兴和升级，以解决农村人口生活贫困、农村老龄化等问题，如法国的农村发展计划、德国的乡村竞赛发展计划、日本的造村运动、韩国的新村运动等。

在发展中国家，城市化进程带来的农村衰落问题更为严重，大量农民涌入城市，但城市无法提供足够的工作岗位，国家的保障体系有限，既给城市管理带来了新挑战，也给农村发展带来了较大困扰。一些发展中国家尚未全面完成现代化建设，存在资金和能力方面的问题，政府难以从根本上解决乡村问题，进一步加剧了乡村的衰落。作为世界上最大的发展中国家，我国在尚未完全完成现代化建设之前，就开始探索乡村振兴战略，这一战略的提出立足于我国现实国情，准确把握了新时期农村问题面临的困境，是一条积极的探索之路，也是极具中国特色的乡村振兴道路。因此，乡村振兴战略不仅能够惠及我国农民群众，也为世界农村问题的解决提出了独具价值的中国智慧和可以借鉴的中国模式。

2. 为解决"三农"问题提供思路

乡村振兴战略是习近平总书记针对当前我国"三农"问题进行深入思考后提出的一套完整理论体系，为新时期"三农"工作的开展提供了思路。近年来，我国"三农"工作取得了突出成果，但当前"三农"工作依然面临诸多问题，包括农民职业化、农民队伍建设、城乡融合治理、农村教育振兴等。因此，要想解决"三农"问题，不能单一停留在为国家发展提供资源要素的初级阶段，需要从农民增收、生态环境改善、农产品供给、产业发展等方面提质增效。具体来看，需要使传统农业生产朝着三产融合方向发展，提高农产品供给质量、改善农村生态环境。要解决上述问题，就需要多举措、多维度地进行改革，加快构建现代化经济体系，提升生态环境治理效果，促进农村的治理转型，传承优秀传统文化。从乡村振兴的战略实践来看，主要通过以下三种方式为"三农"问题提供发展思路：

一是坚持农业农村优先发展。长期以来，受到城乡二元结构、城乡发展政策的影响，城乡之间的发展要素流通不充分。尽管我国长期以来致力于解决"三农"问题，实施了统筹城乡发展、工业反哺农业等一系列措施，但是依然是以城市和工业为主导，尚未从根本上解决"三农"问题。而乡村振兴战略将农业农村优先发展作为主导思想，将各类资源要素投入到农村中，这意味着在国家资源有限的情况下，需要为农业农村的发展提供资源倾斜。2019 年两会期间，习近平总书记参加河南代表团审议时强调指出，实施乡村振兴战略的总目标是农业农村现代化，总方针是坚持农业农村优先发展。习近平总书记强调的"四个优先"，为我们落实农业农村优先发展划出了重点、明确了方向。在要素上，以人、地、钱为核心要素，释放要素红利；在资金上，建立多元投入格局，满足乡村振兴战略对于资金的需求；在公共服务上，完善农村公共服务保障体系，提高服务供给能力，促进农业农村的优先发展。

二是建立现代农业体系。在长期努力下，我国农业现代化建设取得了突出成果，农民收入不断增长，粮食实现了历史性的增收，农业生产结构显著改善，农业发展也是欣欣向荣。但依然存在农业产业大而不强、产业体系不够完善、农业经济规模偏小等一系列问题。基于此，乡村振兴战略提出了具体部署要求，通过价值链、产业链的建设促进产业融合发展，解决产业产品附加值不高问题、补齐产业短板等，并要求大力推行科技兴农政策，调整农业产业结构，发挥地区资源优势，发展多种形式的适度规模经营，引导种养大户、家庭农场等多元主体的发展。因此，乡村振兴战略将生产体系、经营体系、产业体系融合起来，共同助推农业的现代化发展。

三是统筹农村整体建设。以往为了实现农村的现代化，主要是通过增加农民收入、促进农村经济增长、推进农村城市化发展等路径来实施，但乡村振兴创造性地提出了乡村的主体性和乡村的价值延续，要求通过产业生活、文化治理的现代化发展，来推进农村的现代化。乡村振兴战略在实施过程中，要求着重帮助农村解决经济发展、民生改善、治理能力提升以及生态环境建设中的问题。

3. 是"三农"工作的总抓手

在当前社会主要矛盾发生转变的背景下，存在农民需求没有得到及时满足、农业竞争力不足等问题，而乡村振兴战略在强调农业强、农村美、农民富的基础上，明确了具体的发展任务，要求通过以下三个层面来解决"三农"问题：

一是推动农业供给侧结构性改革。农业是乡村发展的基础，要实现产业兴旺，必须要有农业的支撑。目前，我国农业发展存在农产品质量偏低、农业有效供给不足、核心竞争力弱等问题。乡村振兴战略提出要以农业供给侧结构性改革为主线，提高农业生产质量和生产效益，并在此基础上，建设起现代化的农业体系。

二是促进农业农村改革。面对城乡之间在经济、基础设施等方面的差距，需要持续推进农村发展，激发农村内生发展动力。乡村振兴战略要求在稳定农业农村基础上巩固基本经营制度，推进集体产权制度的改革，壮大集体经济，保护好农民的生产积极性，通过完善农业保险政策、农业补贴政策等方式来推进农业、农村的改革。

三是促进农村的有效治理。要让乡村成为广大农民群众安居乐业的家园，就要采取有效治理手段，营造出稳定、良好的发展氛围，建设优秀的"三农"队伍，提升"三农"干部的整体素质，培养一批爱农的"三农"工作队伍，使农村社会治理工作能够更加高效开展。

4. 是化解新时代社会主要矛盾的必然要求

一是提升农村的内生发展动力。面对城乡发展之间的失衡，乡村振兴战略要求发挥政府、市场、社会的力量，激发出农村的内生发展动力，促进城乡之间的要素均衡配置，形成新型乡村社会结构，使农村表现出全新的面貌，让农民有更多的获得感和幸福感，最终促进农村的高层次和高水平发展。

二是满足人民群众的美好生活需要。人民群众对美好生活的需求具有鲜明的时代特征，这种需求随社会经济的发展而动态变化。当社会发展步入新阶段之后，人们的需求层次也发生了变化，乡村振兴战略着眼于新的历史时期人民群众的需求，通过构建现代化农业体系、完善农业支持保护制度等，为农民日益增长的需求提供物质基础。

5. 推进"两个一百年"奋斗目标的顺利实现

一是有助于补齐全面建成小康社会的短板。全面建成小康社会要求人口区域覆盖的全面性。这一短板主要在农村，具体表现为城乡之间的发展不平衡、农村基础设施和公共服务与城市具有明显差别、农民的环保意识较低等。乡村振兴战略以巩固脱贫攻坚成果为出发点，党的十八大以来，我国扶贫工作取得了显著成效。2020年，我国脱贫攻坚取得了全面胜利。乡村振兴战略旨在推动农村产业发展，进一步巩固脱贫成果，通过产业振兴提升农民收入水平。

二是解决城乡发展不平衡问题。城乡发展差距较大是客观存在的事实，这影响了建设社会主义现代化强国的顺利推进。乡村振兴战略要求扭转优先发展的导向，将农业和农村发展置于首要地位，以促进城乡资源要素的双向流动，让农村成为农民群众安居乐业的宜居美丽家园。

三是抓好农村生态建设。在推进"两个一百年"奋斗目标顺利实现的历史进程中，生态文明建设是一个突出短板，更是农村生态环境需要关注的重点，主要表现为农药化肥过度使（施）用、农民随意丢弃或倾倒垃圾、农村环境水源的污染等。因此，乡村振兴战略强调发展生态农业，推出品牌农业特色产业，健全农业体系，建立多元化的生态补偿机制，减少生态污染，健全监管机制，整治农村人居环境，促进生产、生活和生态系统之间的相融共生。

四、乡村振兴战略的特点

（一）时代性

乡村振兴战略是基于新时代的实际需求提出的，是为了真正解决"三农"问题，加速实现"两个一百年"的伟大目标。从乡村振兴战略的指导思想、主要内容和实现目标中可以看出，乡村振兴战略紧扣时代脉搏、紧贴时代方向，具有鲜明的时代性。

（二）人民性

实施乡村振兴战略是为了解决农民增收、致富的问题，城乡居民收入差距较大是客观存在的事实，即便是在农村地区，农民之间的收入也存在差距。说到底，"乡村振兴"是马克思主义唯物史观的生动展现，体现了人民性这一马克思主义的根本属性。"乡村振兴"为了人民，人民是社会的主体，是社会发展的主要力量。[①]

（三）科学性

乡村振兴战略是在马克思主义基本原理的指导下提出的，继承了中华优秀传统文化的基因。从实践来看，历届领导人针对"三农"问题的实践都是基于对当时国情的准确把握，实施乡村振兴战略，既能够解决现实问题，也可以满足后续乡村的长远发展。无论是在理论还是在实践上，乡村振兴战略都具有科学性特征。

（四）系统性

乡村振兴是包括产业振兴、人才振兴、文化振兴、生态振兴、组织振兴的全面振兴，是"五位一体"总体布局、"四个全面"战略布局在"三农"工作中的体现，这是一个长期、系统的过程。

---

① 乡村振兴推动乡村语言生活多元化　增强乡村居民文化自信［EB/OL］.光明网，2024-06-26，https：//topics.gmw.cn/2024-06/26/content_37402530.htm.

五、乡村振兴战略的内容

2019年3月8日，习近平总书记在参加十三届全国人大二次会议河南代表团审议时提到，乡村振兴是包括产业振兴、人才振兴、文化振兴、生态振兴、组织振兴的全面振兴，实施乡村振兴战略的总目标是农业农村现代化，总方针是坚持农业农村优先发展，总要求是产业兴旺、生态宜居、乡风文明、治理有效、生活富裕，制度保障是建立健全城乡融合发展体制机制和政策体系。

（一）总体目标

实施乡村振兴战略的总目标是农业农村现代化。实现农业农村现代化，要坚持统筹推进、实现有机衔接。习近平总书记指出，要持续推动脱贫攻坚成果与乡村振兴战略的有机衔接。巩固拓展脱贫攻坚成果是全面实施乡村振兴的前提，也是促进农业农村现代化的基础。要建立防止返贫长效机制，切实维护和巩固脱贫攻坚战的伟大成就，稳步推进脱贫地区健康、长效发展。

（二）战略方针①

坚持农业农村优先发展总方针，要抓重点、补短板、强基础，围绕"巩固、增强、提升、畅通"深化农业供给侧结构性改革，按照"扩面、提速、

---

① 推进农业农村发展重在"优先"［EB/OL］．中华人民共和国中央人民政府网，2019-02-20，https：//www.gov.cn/zhengce/2019-02/20/content_ 5366961. htm.

集成"的要求深化农村改革，全面推进乡村振兴。重点是要真正做到"四个优先"。

在干部配备上优先考虑。衡量一个地方工作的好坏，要看工业，更要看农业，要看城市，更要看农村。要通过建立健全相应的指标考核体系，推动各级地方党委、政府把注意力和兴奋点转向农业农村，更加自觉地做好"三农"工作。各级各地领导干部要坚持工业农业一起抓、城市农村一起抓，坚持把"三农"工作牢牢放在心上、抓在手上、扛在肩上。

在要素配置上优先满足。城乡发展不平衡的原因之一是资源要素配置失衡。实现农业农村优先发展，必须强化制度性供给，推动更多的资源要素配置到农村，为乡村发展强筋健骨。要改变以往要素单向流动的情况，在"人、地、钱"上做文章，推动各类人才返乡下乡，鼓励各类资本投向农村，把普惠金融的重点放到乡村，有序有效释放土地红利，让土地资源活起来。

在财政投入上优先保障。近年来，各级财政不断加大对农业农村的支持，带动乡村快速发展，但与农民群众对美好生活的向往相比，还有不足。今后既要推动公共财政更大力度向"三农"倾斜，确保财政投入与乡村振兴目标任务相适应，又要将财政资金用出效率，改变过去"撒胡椒面"的使用方式，整合存量、优化增量。

在公共服务上优先安排。教育、医疗、养老、社保等，最关乎群众的获得感，也是我国城乡差距的最突出表现方面。坚持农业农村优先发展，就必须在公共服务上优先安排，补齐短板，构建起城乡一体的公共服务体系，让农民享受到国家发展红利、乡村振兴福利，实现"学有所教""病有所医""老有所养""住有所居"。

（三）总要求

《中华人民共和国乡村振兴促进法》第三条规定：促进乡村振兴应当按

照产业兴旺、生态宜居、乡风文明、治理有效、生活富裕的总要求①。一是产业兴旺。产业兴旺是乡村振兴的经济基础所在，是为了解决农业发展中的阶段性供给不足和供过于求问题，通过农业供给侧的结构性改革提升农产品质量，打造现代化的农业产业体系，促进农村经济的蓬勃发展，为乡村现代化奠定基础。二是生态宜居。生态宜居就是要转变传统的农村发展方式和思路，既要完善基础设施，实现村容整洁，还要贯彻落实绿色发展理念，建设宜居环境。三是乡风文明。乡风文明要求助推文化产业发展，打造农村发展新业态，并且大力抓好农民的思想建设，发展农村文化、教育事业，提高农民的文明素质，形成风清气正的良好环境。四是治理有效。治理有效要求发挥出党对"三农"的引领作用，重视"三农"干部工作队伍的建设，构建自治、法治、德治相结合的乡村治理体系，动员多元主体的参与，提升乡村治理水平，使乡村社会充满活力。五是生活富裕。生活富裕就是基于农村现有的发展层次促进农民的增产增收，完善社会保障体系，兼顾农民的精神需求，满足农民对于物质和精神财富的双重需求，缩小城乡居民之间的收入差距，让农民能够切实看到发展成果，使之在乡村振兴过程中有获得感。

（四）战略举措

1. 巩固拓展脱贫攻坚成果同乡村振兴有效衔接

乡村振兴的推进需以脱贫攻坚为基础。当前，我国的脱贫攻坚战已取得历史性成就。为实现乡村振兴，仍需持续努力，巩固脱贫攻坚成果，避免农村返贫，激发出农民的内生动力，强化政策的衔接，将治理经验用于乡村振兴实践中，完善推进机制，建立适合的动态监测考评体制，共同夯实脱贫攻

---

① 侯琳.《中华人民共和国乡村振兴促进法》解读［J］.农村实用技术，2023（10）：76-77.

坚的成果。

2. 促进现代化农业发展

要实现乡村振兴，需要坚持农业、农村的优先发展，这需要重点抓好两个方面：首先是保障粮食安全，提升粮食产能，科学调整农业结构，培育多种经营主体，创新经营方式；其次是当前的农业现状表明，小农户将在可预见的未来长期存在。因此，需要完善农业社会化服务体系，通过政策支持和技术赋能，促进小农户与规模化、集约化、科技化的现代农业之间的衔接。同时，推进农业供给侧结构性改革，解决当前农业发展中的矛盾，实现从数量增长到质量提升的转型，推动农业高质量发展。

3. 构建城乡融合发展机制

健全要素流动，助推城乡经济的融合化发展，坚持农村基本经营制度，制定人才引进和激励政策，促进人才的合理流动，鼓励中青年回乡创业，改革投融资体制，健全财政投入保障机制，完善涉农资金的统筹长效机制。建立与农村特点相符的金融体系，通过配套建设用地、税费减免等措施发挥关键投资作用，继续完善农村的通信道路、基础设施建设，抓好医疗、卫生、文化、教育等公共服务，加快城乡制度的衔接，让城市优质的资源朝着农村倾斜。

（五）战略保障

1. 制度建设

要实现乡村振兴，需要促进资源要素的流动，利用制度来调整市场，特别是在土地制度方面，需要继续稳定土地承包关系，探索宅基地的"三权分置"，落实好宅基地所有权，释放农村土地潜在价值，促进农业、农村的产业化发展。

2. 人才支持

人才是乡村振兴的内生动力，但在工业化进程的发展下，大量农村劳动力外流，农村优秀的人才匮乏。为了突破人才瓶颈，必须要将人力资本的建设置于首要位置。2017年1月9日，农业部出台的《"十三五"全国新型职业农民培育发展规划》提出发展目标：到2020年全国新型职业农民总量超过2000万人。该规划提出以提高农民、扶持农民、富裕农民为方向，以吸引年轻人务农、培养职业农民为重点，通过培训提高一批、吸引发展一批、培育储备一批，加快构建一支有文化、懂技术、善经营、会管理的新型职业农民队伍。

3. 资金保障

资金是乡村振兴实现的重要保障，因此，需要增加财政投入，优化财政供给结构，发挥农业信贷担保体系的作用，拓宽资金筹资渠道，促进农村金融回归本源。

（六）实施进程

1. 发挥中央顶层设计作用

为了让乡村振兴战略可以顺利实施，国家要做好顶层设计，对经济、文化、党建、生态文明建设等工作做出明确、详细的部署，并且制定专项政策，细化指导意见和专项规划，围绕技术、人才、土地、资金等发布配套文件。

2. 地方要因地施策

根据中央的相关部署，各个省份也在积极推行乡村振兴战略，相继制定了地方化的实施方案，多个省份已经发布了详细的乡村振兴战略规划。我国地域辽阔，各个地区的区位条件具有明显差异，形成了差异化的实施方案，逐渐形成了具有地方特色的发展模式。

六、乡村振兴路线的实践演化

（一）乡村建设运动

20世纪20~30年代，我国兴起了乡村建设运动，这是一场拯救社会、改良乡村的建设活动，由民间的知识分子、实业家、乡绅等自发组织，代表人物有晏阳初、陶行知、黄炎培、卢作孚等。1940年，在重庆北碚歇马乡兴办中国乡村建设学院（原名"中国乡村建设育才院"），开启了乡村建设运动的改革雏形，其改革内容包括制定村规民约、兴办新式教育、成立民众自治组织、改善村容村貌等，这一阶段的乡村建设运动基本是地方统治者为了维护统治发起的自救运动。[①]。在民国时期，乡村建设运动得到了迅速普及，最具代表性的就是"邹平模式"，该模式将乡村建设重点放在农民文化水平的提升上，在农村设置了乡农学校，有组织地为农民提供教育。此后，又诞生了"定县模式"，该模式为农民提供包括卫生、文艺等在内的教育，并且组织了科技实验，进行改良育种，推行多元化的乡村文艺活动。同一时期，中国共产党也在苏北地区推行了乡村建设改革工作，这是社会主义条件下对新农村建设做出的有益改革尝试。1950年，中央人民政府颁布《中华人民共和国土地改革法》。1953年，农业合作化运动开始开展。1958年，全国开始推行人民公社化运动。1983年，国家实施家庭联产承包责任制。在各类惠农

---

① 张海英．"县政改革"与乡村建设运动的演进［J］．河北师范大学学报（教育科学版），2004，6（3）：34-38.

举措上，通过增加基础设施投入、新建农田水利、狠抓农村教育医疗等措施，农民的生活水平得到了明显提升①。这一阶段的乡村建设实践既改变了乡村内部的社会结构，也扭转了以往的城乡发展关系，成功建立起村民自治的乡村社会。

（二）新农村建设

2005 年，在党的十六届五中全会上，胡锦涛同志提出了新农村建设，将"三农"问题放置在社会主义现代化进程中，将其确定为一个重要的历史任务，并且提出了促进农村物质文明、政治文明、精神文明、生态文明建设协调发展的具体要求。2006 年，胡锦涛同志又进一步明确了社会主义新农村建设要求，认为这项事业是一项重大的历史任务，要求全党、全国人民要团结一心。新农村建设推进了中国农村现代化发展的步伐，从具体举措来看，国家实施了工业反哺政策、城市支持农村的发展策略，取消了农业税，为农民提供退耕还林补贴、良种补贴、种植补贴等，增加了教育投入，扩大了农村合作医疗制度的覆盖范围，对农村的电网、路网、自来水管网、互联网等进行了改造，推行金融网点村村通、农村公路村村通工程等，让农村的各项面貌都得到了明显改善。

（三）乡村振兴战略

乡村振兴战略是习近平同志于 2017 年 10 月 18 日在党的十九大报告中提出的战略。这体现了党和国家解决"三农"问题的必胜决心，是党中央在针对"三农"现状做出分析的基础上而提出的。实践证明，乡村振兴为国计民

---

① 张甜甜，张锋．家庭联产承包责任制的历史思考［J］．农村经济与科技，2021，32（19）：23−24+59.

生的稳定提供了坚实基础。2018年2月4日，中共中央、国务院公布了《中共中央 国务院关于实施乡村振兴战略的意见》，针对乡村振兴的各个方面做出了详细梳理，这是党和国家提出的首个关于"三农"问题的战略性规划方案，具有重要的参考意义。

第二章　我国脱贫攻坚成果、乡村振兴战略实施概况及典型民族地区案例

一、我国脱贫攻坚成果与乡村振兴战略实施概况

（一）我国脱贫攻坚成果

1. 书写了马克思主义贫困理论新篇章

一直以来，我国反贫困事业始终坚持人民至上立场，这也是马克思主义理论提出的基本要求。我国的反贫工作表现出阶段性特点，从解决饥饿问题、满足温饱、大规模进行扶贫开发、脱贫攻坚几个方向来着手，各个阶段都以人民群众的利益作为出发点，旨在帮助我国贫困人口脱贫，实现共同富裕。在《中共中央 国务院关于打赢脱贫攻坚战的决定》中提出了阶段性的建设目标，即"确保到 2020 年农村贫困人口实现脱贫"，我国的脱贫

攻坚工作是新时期对马克思主义贫困理论的创新发展。

2. 达成了人类减贫历史上最好的成绩

2021年2月25日，习近平总书记庄严地宣布："经过全党全国各族人民共同努力，在迎来中国共产党成立一百周年的重要时刻，我国脱贫攻坚战取得了全面胜利，现行标准下9899万农村贫困人口全部脱贫，832个贫困县全部摘帽，12.8万个贫困村全部出列，区域性整体贫困得到解决，完成了消除绝对贫困的艰巨任务，创造了又一个彪炳史册的人间奇迹！这是中国人民的伟大光荣，是中国共产党的伟大光荣，是中华民族的伟大光荣！"根据国家统计局发布的党的十八大以来经济社会发展成就系列报告，2013~2020年，全国农村贫困人口累计减少9899万人，年均减贫1237万人，贫困发生率年均下降1.3个百分点。改革开放以来，按照世界银行每人每天1.9美元的国际贫困标准，我国减贫人口占同期全球减贫人口70%以上。这一减贫成绩在人类的减贫历史上也是前所未有的，我国向世界承诺的减贫目标也提前在2020年完成，对于世界减贫事业做出了突出贡献。

3. 有效改善了贫困地区的生产生活条件

党的十八大以来，我国在脱贫攻坚方面持续发力，显著改善了贫困地区人民群众的生活和生产条件，各个地区的贫困人口收入得到了大幅提升。根据2021年1月18日国家统计局在国新办举行的新闻发布会的数据，在贫困人口数量较多的四川、广西、云南、贵州、宁夏、甘肃、新疆地区，农民人均可支配收入增速高于全国平均农民人均可支配收入增速的0.2%~1.7%，全国贫困户都实现了"两不愁""三保障"，农村饮水安全问题得到了显著解决。贫困人口的基本医疗、义务教育以及住房安全做到了"全覆盖"，有效解决了贫困地区群众吃水难、用电难、出行难、就业难、看病难、上学难等一系列问题，各个农村的硬化路普及达到了99%，贫困村的教学水平和办学条件得到了有效改善。

4. 贫困地区经济迅速发展

党的十八大以来，以习近平同志为核心的党中央把脱贫攻坚摆在治国理政的突出位置，把脱贫攻坚作为全面建成小康社会的底线任务，以精准扶贫、精准脱贫为基本方略，组织开展了脱贫攻坚人民战争。经过八年接续奋斗，农村贫困人口全部脱贫，绝对贫困得以消除，区域性整体贫困得到解决，脱贫攻坚战取得全面胜利。贫困地区居民的后生力量被有效激发出来，各地的金融扶贫、产业扶贫、电商扶贫、旅游扶贫、光伏扶贫、易地搬迁扶贫等相互关联，使得贫困地区的特色产业得到了迅速发展，贫困人口有了多元化的增收途径。在生态建设和环境保护工作的推行下，贫困地区生态环境得到明显改善，基层党组织和党员干部表现出了雄伟力量，有效解决了贫困地区的各类问题，在各方的紧密结合下，明显改善了贫困地区人口的精神面貌，带动了贫困地区经济的迅速发展。

5. 建立了具有特色的脱贫攻坚制度体系

我国在脱贫攻坚方面力求以精准扶贫为抓手，建立了完善的制度体系，包括政策体系、责任体系、监督体系、投入体系、考核体系、社会动员体系等，根据各个贫困地区的自然条件、教育水平、财政收入、卫生条件、公共投入等形成了政策方面的"组合拳"，高举马克思主义伟大旗帜，建立了完善的社会动员体系，并帮助贫困户建档立卡，实施"五个一批"工程，这一具有特色的脱贫攻坚制度体系使得我国脱贫攻坚取得了明显成果。

6. 为世界减贫事业贡献了中国智慧

国务院新闻办公室在 2021 年 4 月 6 日发布的《人类减贫的中国实践》白皮书显示：改革开放以来，我国共有 7.7 亿农村贫困人口摆脱贫困。多年以来，我国的脱贫攻坚成果明显，取得了举世瞩目的成就，减贫效应在全球都是处于领先地位的。此外，我国脱贫攻坚成果有效推动了世界减贫历程的发展，为第三世界国家提供了具有参考价值的减贫方案和中国智慧。

（二）我国乡村振兴战略的实施概况

1. 产业兴旺取得初步成果

在乡村振兴战略的实践中，产业兴旺是重中之重，是实现乡村振兴战略的根本出路。产业兴旺并不是单一的构成，而是融合了诸多生产要素。从现阶段各地乡村振兴战略的实施情况来看，乡村产业兴旺已初见成效，各地立足于农村发展第一、第二、第三产业，促进产业间的深度融合。其中，农业是国民经济发展的基础，也是实施乡村振兴战略的优势产业，各地在产业发展上多以农业作为出发点，推进供给侧结构性改革，为乡村振兴战略找到了新的发展出路，提供了更多的就业岗位，有效拓宽了就业渠道，增强了农村长远发展的竞争力和吸引力，整体产业表现出了蓬勃的发展态势。

2. 生态宜居建设成效明显

良好的生态环境是农村发展的独特优势，也是乡村振兴战略实施的重要资源。党的十九大报告明确提出，将生态宜居作为乡村振兴战略的总体要求之一，为农村可持续发展提供了重要指导。目前，各地都在积极推进现代化农业的发展，强调走生态可持续、绿色低碳发展道路，制定了一系列环保政策，完善的组织体系建设也倒逼乡村基层组织提升工作效能，改善农村生态环境。在各方的共同努力下，农村的生态环境建设取得了显著成果，山水林田湖草治理工作成效明显，初步建立起人与自然和谐共生的乡村发展新格局。

3. 文明乡风建设初见成效

随着中国特色社会主义步入新的时期，农村社会生产力水平不断提升，农村居民对美好生活的向往也变得更加强烈，不仅对物质生活条件有了更高要求，对于民主、法治、正义、安全等方面的需求也日益强烈，这不仅关乎农村精神文明建设，也影响乡村的和谐、稳定和发展。党的十八大以来，各地高度关注乡村文明建设工作，积极构建乡风文明、村容整洁的新农村，在农民思想道德建设上下功夫，有效巩固了农村的诚信文化、孝文化等，全面提升了农民的精神面貌。

4. 治理真空问题得到显著解决

乡村治理是整个国家治理的基石所在。在此背景下，农村在治理建设上持续发力，完善治理方式，提高治理水平，基层治理工作的效果明显，农村居民的守法、用法意识明显提高，基本建立了完善的村民自治制度，打造出了共治、共建、共享的现代化农村社会治理新格局。

5. 生活富裕目标充分实现

生活富裕是乡村振兴战略的根本目标，习近平总书记指出：“随着我国全面建成小康社会，开启全面建设社会主义现代化国家新征程，我们必须把促进全体人民共同富裕摆在更加重要的位置，脚踏实地，久久为功，向着这个目标更加积极有为地进行努力。”新时期，我国矛盾已经发生了变化，从以往的单一关注物质生存转化为满足人民群众美好生活的需要，这一任务最为艰巨的点在广大农村，短板也在农村。因此，各地农村也在生活富裕目标方面持续发力，大力发展相关产业，加强农村居民的精神建设，以期提高农民的获得感、幸福感和安全感，改善农村的生活和生产条件，为乡村振兴的实现汇聚磅礴力量。

二、典型民族地区脱贫攻坚成果与
乡村振兴战略实施概况
——以凉山彝族自治州为例

凉山彝族自治州，以下简称"凉山州"，位于四川省西南部，是我国最大的彝族聚居区，辖区内居住着彝族、汉族、回族、藏族等多个民族。2023 年，凉山州常住人口有 489.1 万，多数为彝族同胞。自古以来，凉山州都是南方丝绸之路重镇，在历史上，凉山州社会性质极其复杂，封建制度、农奴制度并存，直至 1956 年，凉山州才从奴隶社会跨越到社会主义社会。长期以来，凉山州区域发展不均衡，城乡二元结构问题突出，但是从整体来看，凉山州的自然资源禀赋优越，资源集成度高，组合性好，具有较大的开发潜力①。同时，凉山的地理环境复杂，地形多样，最高海拔有 5958 米，最低海拔仅有 305 米，自然环境和地形地貌非常独特。在凉山州，有大量的断裂盆地，由此也导致农业生产基础薄弱，各类自然灾害频发②。凉山州辖区共计17 个县市，多为彝族聚居区，多年来在治理贫困方面取得了丰富经验。

（一）凉山州治理贫困的历史回顾

1. 1950～1978 年：救济型治理方式

从中华人民共和国成立以后到 1978 年，凉山州整体经济发展水平不高，

---

① 张诗琪，陈国庆. 凉山彝族自治州农业转移人口家庭生计研究［J］. 新农业，2022（9）：62-63.
② 李家鑫. 生态文明建设视角下凉山彝族灾害文化探究［J］. 西昌学院学报（社会科学版），2023，35（2）：47-54.

贫困人口众多。在这一时期，政府和社会力量都投入到凉山州绝对贫困的治理中，政府通过发放救济粮、救济物资、救济款、农业生产工具等方式帮助凉山州缓解绝对贫困，建立了公平贸易市场，有效改善了凉山州居民的贫困情况。不过，由于当时社会力量的参与缺乏计划性，更多的是以家庭为载体，本身水平较低，这种简单的帮扶仅局限于劳动力方面，并没有改变凉山州的连片贫困问题。

2. 1979～1985 年：改革型治理模式

鉴于凉山州的贫困问题，当地政府从 1979 年开始尝试通过制度建设来缓解贫困问题。政府大力推行土地制度改革，实施了家庭联产承包责任制度，有效解决了种植收益不高等问题。社会力量也再次成为治理贫困的主体力量，在当时反贫困斗争中发挥出了较大作用，但在社会、地理等因素的影响下，凉山州的经济发展并没有得到显著变化，贫困面积广、贫困程度深的问题未能从根本上得以解决。

3. 1986～1993 年：开发型治理模式

在政府治理方面，根据凉山州的特殊情况，政府制定了区域性的贫困治理措施，进行大规模的开发式扶贫治理。在当时，凉山州的财政情况不理想，11 个县均要依靠上级补贴度日，对此，凉山州提出了一系列治理工程，增加了资金扶持，提供了专项补贴贷款政策，针对高山地区的贫困户采取直接救济的方式，并且提出了移民扶贫政策，为后续的扶贫工作奠定了基础。在社会力量方面，有越来越多的社会力量参与到了凉山州的贫困治理中，根据贫困人口的偏好、特征等提供扶贫支持。其中，最具代表性的就是妇联，在妇女脱贫方面做出了不可磨灭的突出贡献。

4. 1994～2014 年：工程型治理模式

这一时期，政府对于凉山州的贫困治理更具规划性，在脱贫目标、脱贫期限上都做出了明确规划，但是由于长期的历史遗留问题，凉山州的贫困治理依然困难重重。为了提高治理成效，1994~2014 年，政府开始实施工程型治理模式，即通过交通扶贫工程、水利扶贫工程、电力和光伏扶贫工程、农村危房改造和环境整治工程、农村"互联网+"扶贫工程、文化扶贫工程、乡村旅游扶贫工程等来开展扶贫工作，取得了显著成果。

（二）凉山州脱贫攻坚实效

2015 年 1 月，在提出精准扶贫战略之后，国家将凉山州作为主战场，凉山州的扶贫工作受到了党中央的高度关注，根据凉山州的实际情况予以了特殊支持和有力指导，习近平总书记也来到凉山州，对相关扶贫工作做出了重要指示。2016 年 1 月 4 日，凉山州召开脱贫攻坚决战决胜誓师大会，针对精准扶贫战略以及打赢脱贫攻坚战做出了统筹安排。为了打赢这场脱贫攻坚战，凉山州从三个方面进行了统筹部署：一是构建组织机构，建立脱贫攻坚领导小组，下设多个脱贫攻坚组和保障工作组，成立相应的领导小组，负责分管各个地区的脱贫攻坚工作；二是明确工作思路，对接好上级政策，完善扶贫专项方案和"七个一批"行动计划，兼顾治穷、治愚、治病，严格落实"五个一"帮扶机制，推进政策措施，落实资金保障；三是出台落实专项扶贫实施方案，制定脱贫攻坚工作考核方法等，在各方的支持下，让凉山州脱贫攻坚工作进入正轨。

与此同时，凉山州选派了 1 万余名帮扶干部进入基层，形成了"定点帮扶"模式。截至 2020 年底，凉山州的脱贫攻坚战取得了全面胜利，在基础设施、收入水平、居住环境等都得到了明显改善，居民的精神面貌也发生了显著变化。2020 年，凉山州继续整合帮扶力量，抽调 8 万余名帮扶干部下沉至 304 个贫困村，实施了"百日攻坚战"，全力推进帮扶工作的开展，全面实现了"两不愁三保障"①。凉山州脱贫攻坚战的胜利有效解决了凉山州居民居住偏远闭塞、缺吃少穿、封闭落后、人畜混居等问题，大大提高了凉山州居民的获得感、幸福感和安全感。总体来看，凉山州自脱贫攻坚战实施以来，取得的成效表现在以下两个方面：

1. 物质方面

一是有效改善了居住环境：为了改善凉山州人民群众的居住环境，全州完成了新寨建设 7.31 万户，帮助 35 万余居民完成了易地扶贫搬迁，让贫困群众全部住有安居，彻底消除了以前人畜混居、简陋破败的问题②。

二是道路交通建设成果明显：近年来，凉山州省道干线、公路新建累积达到了 2000 多千米，新建农村公路共计 2.1 万千米，溜索改桥项目全面完成，成为脱贫攻坚的经典故事③。

三是农民增收能力大幅提升：在实施脱贫攻坚战的几年里，凉山州大力发展特色产业，推行乡村特色旅游。同时，大力发展特色农产品种养，包括西昌葡萄、盐源苹果、雷波脐橙、金阳青花椒等，注册了扶贫农产品商标，并通过电商渠道走入了千家万户④。另外，凉山州还推行新型农民素质教育培训工程，为贫困家庭劳动力提供全员培训，吸纳外出务工人员的加入，在脱贫攻坚战中发挥出了积极作用。

2. 精神方面

精神贫困是长期以来凉山州较为突出的一类社会问题。近年来，在全国、省、州县的共同努力下，凉山州居民的精神面貌有了明显改善。

① 陈星仪. 巩固拓展凉山脱贫攻坚成果同乡村振兴有效衔接的路径探讨 [J]. 乡村论丛，2022（2）：100-109.
② 晏恒. 组建"专班"精准督战凉山脱贫攻坚 6 项工作 [J]. 四川党的建设，2020（7）：8.
③ 杨兰香. 民族地区精准扶贫难点及成果研究——以四川省凉山彝族自治州为例 [J]. 农村经济与科技，2020，31（18）：175-177.
④ 李欢，秦以. 产业振兴的央地政府协同义务研究——以凉山州为例 [J]. 西南民族大学学报（人文社会科学版），2023，44（4）：93-97.

一是社会风气改善：在以往，凉山州存在着酗酒、厚葬、薄养、高额彩礼等问题，在脱贫攻坚战实施以来，当地制定了符合凉山州的精神扶贫措施，有效改善了全州的社会风气。大多数凉山州居民养成了健康的卫生习惯，以往不洗脸、不洗手、席地而睡的现象基本消失，家庭卫生也得到了明显改善，健康水平得以明显提升。

二是教育水平提升：在国家的大力扶持下，凉山州教育水平和教育质量得到了明显提升。例如，凉山州经济发展水平较弱的美姑县、金阳县、木里藏族自治县、雷波县的儿童入学率明显上升，而经济发展条件较好的会东县、西昌市、冕宁县、会理市等教育发展水平得到了进一步提升，基本实现了义务教育的均衡发展。值得认可的是，凉山州女孩教育条件也得到了明显改善，在 20 世纪 80~90 年代，凉山州女孩上学机会较少，如今，在国家的大力支持下，凉山州女孩入学率已经超过了 99%①。同时，鉴于精神脱贫的需求，凉山州还大力发展职业教育，培育具备技能的技术型人才，通过与当地高职院校合作大力落实社会帮扶、校企合作等，解决了当地贫困群众文化水平低、能力弱的问题，既提高了群众的致富能力，也培育了其艰苦奋斗的精神。

（三）凉山州乡村振兴战略实施现状

2020 年 7 月，凉山州正式印发《凉山州乡村振兴战略规划（2018—2022 年）》，围绕乡村振兴的五个具体目标，致力于打造"三区三州"乡村振兴样板。截至 2020 年底，凉山州乡村振兴工作制度得到了完善，农业生产、加工、销售现代化体系初步建成，当地居民的收入水平稳步提升，道路、住房、电力等基础设施环境持续改善，从根本上解决了农村的生活垃圾、污水处理问题，文化服务体系持续完善，民族文化的传承和管理得到了保障。

---

① 王娟，何优. 凉山州教育扶贫政策绩效评估［J］. 中国农业会计，2021（2）：45-46.

2023 年，凉山州实施"十大提升行动"，继续巩固脱贫攻坚成果，加快建立乡村振兴示范区。在"十大提升行动"中，提出了具体的重点工作和任务，包括"建立四级化的工作台账""推行清单化与工程化的管理模式"等。

凉山州乡村振兴战略主要从以下四方面实施：

一是抓住政策机制的衔接：凉山州要求严格推进脱贫攻坚到乡村振兴的过渡，为了保证政策的稳定实施，凉山州各脱贫县完成新一轮扶贫帮扶干部的轮换，继续巩固脱贫攻坚成果与乡村振兴有效衔接，持续聚焦易地扶贫搬迁、特色产业发展、脱贫人口就业培训等工作。2020 年 11 月，凉山州如期实现了 11 个贫困县全部摘帽、2072 个贫困村全部出列、105.2 万低收入人口全部脱贫，打赢了可载史册的脱贫攻坚战。同时，凉山州积极完善社会帮扶体系，强化企业协作帮扶，坚决杜绝规模性返贫致贫，强化社会保障，统筹公益性岗位，加强对当地居民的职业技能培训，有效促进了相关政策之间的衔接。

二是促进农业产业的发展：凉山州高度关注脱贫地区特色产业的发展，积极顺应市场潮流，提升风险应对能力，杜绝同质化竞争，加快延伸产业链，利用现代化科技汇聚资源要素，形成农业产业化发展新格局，发展各类代表性的产业模式。例如，以雷波脐橙为代表的精品农业、以西昌葡萄为代表的家庭农场、以越西苹果为代表的园区模式等。同时，凉山州大力助推农业结构的改革，建设标准化、示范化的农业发展新格局，通过强项提升、补齐短板等方式提升生产效率，健全农业经营机制，培育新型农业经营主体，落实粮食安全责任，做好优良品种选育工作，稳步保证粮食产量的增长。

三是狠抓乡村建设行动：凉山州致力于改善脱贫地区的基础设施，建设了 20 余个幸福美丽新村，持续完善物流干线、通信网络，提高宽带普及率，改善集中水源地，开展人居环境整治工作，做好生活污水、生活垃圾的处理工作①。截至 2022 年，凉山州已经基本完成了公路沿线景区景点、城镇周边无害化厕所的改造②，并且致力于提升脱贫地区的公共服务水平，严格落实控辍保学工作制度，重视农村地区教师队伍和师资力量的建设，强化职业教育，增加政策倾斜，提升村卫生所、乡卫生院以及县级医院的疾病防治能力，建立对口支援长效机制，完善农村的文化体育场所、广电设备建设，继续抓好乡村精神文明的创建。

四是落实基层社会治理：继续强化绿色家园扶贫、异地安置与水电移民基层治理，重视教育工作，杜绝陈规陋习，重视文明乡风的建设，发挥先贤作用，吸纳各类优质人才的进入，为乡村振兴提供新鲜血液，并且致力于将政策优势转化为治理效能，发挥党建引领作用，优化公共服务，引入专业的社会工作机构，整合民政服务，培育社工人才，探索新型的社区养老服务模式。

（四）凉山州乡村振兴战略实施中可能存在的风险

风险是客观存在的，并且是与乡村振兴相伴相生的。

1. 风险类型

一是灾害风险：灾害风险是指由于天灾人祸导致脱贫户收入大减的风险。一方面，受自然生态环境的影响，凉山州的自然灾害频发，气象灾害、森林火灾常有发生。凉山州是以种养业为主，更易受到自然环境波动的影响。以烤烟业的发展为例，土壤盐碱化会直接决定烟草质量和产量，由于长时间种植烤烟，目前该地区土壤碱化问题严重，导致烤烟种植户的收入减少，可能

① 颜俊儒，张春. 乡村振兴战略实施背景下新时代民族地区美丽幸福新村建设的路径——以四川省凉山州为例 [J]. 新农业，2019（15）：80-83.
② 乡村振兴丨西昌红星村：美丽新村满目风景 [EB/OL]. https：//baijiahao. baidu. com/s？id = 1701617140445578462&wfr = spider&for = pc.

面临返贫的风险。另一方面，意外事故的发生也可能会导致居民收入下降，例如，在疫情防控期间，凉山州有的居民无法外出务工，当地旅游业的发展也极大受阻，致使家庭收入大幅减少。

二是疾病风险：居民的身体健康水平属于人力资本的重要组成部分，如果身体受损，那么就会出现人力资本缺失问题。一方面，突发重大疾病时常可见，尽管当地农民基本都参加了城乡居民基本医疗保险，但是在生病之后，城乡居民基本医疗保险只能报销其中的一部分，如果家庭中有人患重大疾病，可能会导致整个家庭直接返贫，尤其是劳动力患病后，对家庭收入的影响更重；另一方面，一些慢性疾病需要长期的医疗支出，多数家庭难以承担，如果家庭主要劳动力患上慢性疾病，可能会导致家庭收入来源大受影响，容易返贫。

三是失业风险：凉山州的脱贫户本身受教育程度较低，自身技能不足，从事的劳动力具有较强的可替代性，这也是当前凉山州农民面临的最大问题。尽管当地组织了多个就业项目以促进就业，但大多数项目对居民的技术和劳动能力都有一定的要求。部分农民劳动技能不足，达不到用人标准，容易陷入失业风险，亟须通过技能培训提升其就业能力。

四是政策风险：从可持续生计理论来看，农民的社会资本主要表现在其可以利用的社会资源，包括社会组织、邻里关系、国家政府等。凉山州长期与外界脱离，居民可依赖的社会关系主要是政府，在脱贫攻坚期间，政府颁布了大量的惠民政策，当前农民面临的政策风险主要表现为：参与积极性不高、政策执行出现偏差、政策识别不精准、政策实施缺乏可持续性。

五是发展风险：发展风险是因发展失败面临的返贫风险，农民要想实现发展、脱贫致富，就需要通过发展产业投资来提高盈利能力。从实际情况来看，农民对于项目的选择比较盲目，凉山州大多数地区依靠畜牧业和种植业来实现脱贫，农民在选择项目时，常常凭借自身的主观偏好，没有进行理性分析，在项目实践中，也会因判断失误或者后续投入的资金不足导致投资失败。同时，市场信息不对称等情况也普遍存在，以农业生产为例，涉及的农业信息有良种信息、饲料信息、种子信息、农产品市场信息、农机服务信息等，农民在信息获取上处于弱势地位，掌握的精准化信息较少，在实践中容易出现决策失误。另外，龙头企业的同质化问题也不容忽视，在精准扶贫期间，各地大力扶持特色产业的龙头企业，但凉山州的特色产业面临同质化问题，产业结构单一、运行模式不完善，容易出现产品的同质化竞争，一旦在市场竞争中遭受淘汰，就可能会返贫。

2. 风险原因分析

外部原因：

一是政策变化：凉山州的精准扶贫可以取得明显成果，与政策帮扶有着密切关系。在扶贫初期，一些扶贫单位会以物质和现金作为主要的扶贫方式，这一时期，凉山彝族自治州政府制定出台了《凉山州七二一〇扶贫攻坚计划》，重点围绕着建设基础设施、提升文化教育水平、发展医疗卫生事业以及利用自然生态进行帮扶等领域开展扶贫工作。这种扶贫见效较快，可以直接改变当地群众的生活状态，但是这种方式无法激发出农民群众的内生动力。此后，为了实现凉山州贫困群体如期脱贫的目标，凉山州政府制定实施了《凉山州农村扶贫开发规划（2001—2010年）》，将政策的实施对象调整为贫困村，主要的扶贫方针和措施是通过"统筹型、捆绑式"的方式，使政策执行更加专项化。2011年底，中共中央、国务院发布《中国农村扶贫开发纲要（2011—2020年）》。2015年7月25日，凉山彝族自治州党委召开第七届委员会第七次全体会议，通过了《中共凉山州委关于集中力量打赢扶贫开发攻坚战确保同步全面建成小康社会的决定》，这是精准扶贫概念提出以来，凉山州出台的第一个明确在全州实施精准扶贫的政策文件，提出了相应的精准扶贫政策。

二是市场波动：在凉山州打赢脱贫攻坚战的过程中，发展出了多种形式的农业生产模式，但农业生产本身就会受自然因素的影响，如果市场环境发生变化，农产品价格也会产生波动，而很多农民的抵御风险能力较弱，一旦市场发生波动，很容易面临风险。从凉山州的农户情况来看，很多农民的经济结构比较单一，以种植农业、销售农产品为主，在市场环境发生变化之后，就会给其带来影响。

三是灾难事件：凉山州居民的人畜共患病发生率较高，并且人口身体素质偏低，很多居民依然在从事体力消耗较大的工作，一些外出务工者为了增加收入，会选择高危行业，容易身体透支而出现职业病，一旦突发疾病，就会面临因病返贫的风险；凉山州的产业结构主要有种植业、畜牧业和养殖业，都极易受到自然因素的影响，尽管各地建立了灾害预警平台，但是依然存在准备不充分、信息传递不及时等问题。

内部原因：

一是思想问题：凉山州经济发展长期滞后于全国平均水平，由于地理因素的阻隔，他们与外部交流的机会较少，无法及时更新思想观念，加之缺乏技术傍身，导致发展的后劲动力严重不足。一些脱贫户依靠种植业、畜牧业获得的收入不高且没有存钱的观念，一旦家庭出现意外事故面临开支，就会陷入返贫的风险中。

二是身体健康问题：凉山州农民的生活习惯、文化习俗和思想观念都与其他地区居民有明显差别，尽管在国家的大力支持下，凉山州农民的生活卫生状况得到了明显改善，但是重大疾病发生率相对较高。很多农民受医疗条件的限制，小病一拖再拖，收入刚刚提升又需要承担医疗支出。

三是家庭劳动力偏少：为了助推规模化产业的发展，凉山州对于当地的集体经济予以大量帮扶，通过惠民补贴、招商引资等方式发展集体经济，但集体经济本身对于人力要求较高。目前，凉山州的农村人口老龄化趋势明显，很多年轻人外出务工，将老年人和孩子留在农村，此类群体缺乏劳动能力，即便有政府的政策支持，成效也不太理想。

第三章　乡村振兴背景下民族地区传统村落保护

——以凉山彝族自治州为例

一、传统村落的相关理论

传统村落属于乡村之中的微观社群，近年来，关于传统村落的研究受到社会史、建筑史、美学等各个领域研究人士的关注。传统村落远离城市，能够完整呈现出当地居民的生活状态，通过对传统村落生活状态的归纳、比较和分析，能够抽象出整个社会的生活状态共性。凉山州传统村落属于我国一个重要的历史文化遗存，其中蕴含的历史文化信息丰富且深邃，有着鲜活的民俗生活记忆以及丰富的自然生态景观。在历史的更迭过程中，凉山州的传统村落保存完好，积累了丰富的历史信息，能够反映当地的空间风貌和地域文化。可以说，传统村落是承载当地乡村民俗、民间艺术、历史建筑、自然景观以及农业文明的一个主要信息载体，其不仅拥有科学、历史、艺术方面的价值，还有着突出的社会价值。但大多数传统村落地处偏远地区，交通不便，凉山州的传统村落也是如此，正是其相对封闭的地域文化环境，让传统村落中积累下的空间格局和形态具有较高的研究价值。随着当前经济开发程度越来越高，特别是旅游业的发展导致很多地区传统村落面临冲击和破坏，在此背景下，加强对传统村落保护工作的研究迫在眉睫。

目前，学界对于传统村落的概念还缺乏统一界定。有学者认为，传统村落是古代风貌保存基本完整的一种村落，其传统氛围、历史文脉、建筑环境等都保留较好，是当前环境中可以见到的古代村落。还有学者认为，传统村落需要满足四个条件：一是历史悠久，各类历史元素保存完好；二是历史文化遗留丰富，既有物质遗留也有非物质遗留；三是基本保留原有村庄的样貌；四是地方特色鲜明。冯骥才（2013）认为，传统村落是物质文化遗产自成体系，历史街区、村落规划、居民建筑与自然相融合，还有各类丰富的历史文化遗存，如水井、桥梁、庙宇、戏台等。传统村落是民国以前建成，保留较好的历史沿革，且村落选址、建筑风貌、建筑环境都没有发生明显变化，即便年代已经久远，但是依然可以为人们服务。

综上所述，尽管关于传统村落的概念还没有统一的界定，但是学者的看法基本一致。首先，传统村落属于文化遗产的活载体，承载着物质文化遗产与非物质文化遗产。其次，传统村落有文化底蕴，不仅历史悠久，还有历史记忆，既有沿革也有传承，有助于实现人与自然的和谐共生。最后，传统村落有和谐的人居环境以及古朴的民风。只有同时满足上述几点，才能够构成具有特色的传统村落。

二、传统村落的价值

（一）景观价值

1. 景观的构成要素分析

传统村落历史悠久，是当地的"活化石"，具有不可替代的历史文化价值，保护传统村落就是保护乡村历史文化。传统村落分布广泛，在各地的历史发展过程中，孕育出了形形色色、截然不同的村落文化，为地方文化、乡土文化的传承带来了新的契机。传统村落文化内涵极为丰富，承载着璀璨的地域文化，因此，对于传统村落的保护需要促进物质和非物质文化遗产的和谐统一。传统村落是重要的乡村景观遗产，传统村落景观的组成包括自然要素、人工要素和非物质要素，分别从有形和无形层面来传递信息。

（1）自然要素

自然要素由自然界的客观物质组成，不同的水文、气候、环境、土壤类型、动植物的多样性共同组成了一个有机生态系统。从传统村落来看，自然要素会受到人类的长期影响，传统景观中的自然要素主要包括几个方面：

一是地形地貌。我国地大物博，地势呈现出西高东低的特点，在全国范围内，山地有 33%，高原有 26%，盆地有 19%，平原有 12%，丘陵约有 10%。多元化的地形地貌塑造了不同景观的传统村落，会直接影响村落的规模、布局、选址以及自然景观①。

---

① 张晓瑶，陆林，虞虎，等. 中国传统村落分布特征与成因机制研究 [J]. 世界地理研究，2023，32（4）：132-143.

二是气候。气候要素包括气温、雨量、气压、日照、温度、湿度、风等，受到不同大气环流、太阳辐射的影响，气候又能够划分出诸多类型。气候不仅会影响村落的聚集，而且与民俗信仰、乡村文化也有密切联系。我国气候类型多种多样，传统村落的发展会受到气候因素的调节，村落周边的自然环境也会在气候因素的影响下产生变化，这都会影响村落景观的雕塑。

三是土壤。土壤由有机质、矿物质、空气、水分、微生物等组成，能够为植物的生长提供所需的水分和养分，随着农业社会的发展，土壤成为重要的生产资料。我国的土壤类型众多，有草原土壤、森林土壤、森林草原土壤、荒漠土壤、半荒漠土壤等，不同的土壤类型也造就了截然不同的村落视觉景观风貌。

四是水文。在自然界这个不可分割的生命共同体中，水是最灵动、最活跃的元素，是生态系统得以维系的基础，是最宝贵的资源。水兼具自然属性与文化属性：自然属性表现为它是一种自然界中的客观存在；人文属性则表现为水以其自然属性为载体，蕴含着深厚的人文意识，使其具有鲜明且独特的文化特性。水资源是农业发展的命脉所在，也是影响乡村景观的重点要素。

五是动植物。动植物与人类的和谐生存是社会发展的关键，物种多样性也是生物多样性的核心所在，各类多样、复杂的动植物群落对于保障生态系统的平衡意义重大，也造就了不同功能机制、空间结构的乡村景观。

（2）人工要素

人工要素是与自然要素相对应的一种要素，从人类社会诞生以来，人与自然界的关系就在不断发生着变化。从人工要素的定义来看，影响传统村落景观的人工要素主要包括以下四类：

一是建筑物。建筑物是人类创造的第二自然，在人类社会发展伊始，建筑物的主要作用是防寒、遮风、避雨，随着社会的发展，建筑物在不同的传统村落中表现出明显的地域性差别，如西北的窑洞、云南的竹楼等。在传统村落中，建筑类型丰富多样，有祠堂、寺庙、商店、住宅、书院等，共同组成一个村落整体。相较于城市建筑，传统村落建筑与自然之间的联系更加紧密。

二是道路系统。村落的发展是一个长期过程，很多街巷也是在建造中自发形成，在自然村落中，街道一般不会像城市一样整齐，街道两边的建筑也大多参差不齐，空间会出现宽窄变化，这就让村落中的道路具有较强的可辨识性。

三是基础设施。基础设施是指村落群体所使用的建筑物，如绿化、路灯、下水管道、道路等。在传统村落中，基础设施还有广场、晒场坪、磨坊、村口、井台等，是反映村落居民生活图景的主要工具。

四是农业生产。在不同工作方式、作物选择和区域条件的影响下，产生了截然不同的农业生产景观，我国农业生产类型有水田、梯田、旱地等，不同的农业生产类型也对村落景观产生了重要影响。

（3）非物质要素

根据非物质要素组成来看，传统村落的非物质要素包括以下九类：

一是传统技艺。传统技艺是在漫长生产过程中积累下来的传统生产技术，与村落居民的生活和生产方式息息相关，也是目前非物质文化遗产保护的核心。

二是服饰文化。服饰文化会折射出一个地区的文化个性，反映一个民族的体魄、性格以及习俗。以陕北村落为例，受到当地民族传统、地理条件和高原气候的影响，人们喜欢身着白衣，中间系红腰带，额头扎白羊肚子手巾，体现出了当地居民粗犷、豪放的特征。

三是语言文字。方言是不同地域语言分化的结果，我国语言文字种类众多，以汉语为例，我国语言文字分为北方方言、吴方言、湘方言、赣方言、粤方言、客家方言、闽方言七种。我国是一个多民族国家，各个民族都有自己的方言，这也是一种重要的文化景观。

四是饮食习惯。饮食习惯会受到地域、气候、民族文化、宗教信仰等因素的影响，比如，海边居民喜食海鲜，江河湖泊周围的居民喜食河鲜，山区居民则喜食山珍和野味。从气候方面来看，居住在湿冷地区的人喜食辣椒，南岭则有"冬进补"的习惯，山西黄土高原的居民喜食醋等，以上饮食习惯充分体现了传统村落的生活特征。

五是传统民俗。传统民俗受地域经济水平、民族等因素的影响，会对居民的性格、心理、价值观念、思维方式产生影响。我国地域辽阔，民俗民风各有差别，造就出了丰富多元的村落人文景观。

六是宗教信仰。宗教信仰是人类文化的一项重点组成，有着悠久的历史，最早可以追溯到原始社会，随着人类社会的发展，宗教信仰也在不断发生着变化，对人类社会产生了深刻影响。

七是风水思想。古代传统村落的布局和选址多会参考风水，大多数村落遵循"背有靠山、前有流水"的原则，这一选址理论在多个民族中均有流行，少数民族地区居民可能具有更强的风水意识。

八是宗族观念。中国封建社会宗法等级制度的核心是宗族家长制，这早在西周时期就已经正式建立，经过儒家思想改造之后，渗透到经济、政治、思想、文化关系中，形成了中国人特有的民族习惯和民族意识。在传统乡村社会中，村落家族是一个自组织核心，人们讲求辈分、血缘和权威，构建出了一套完整的系统。

九是民间艺术。民间艺术涵盖民间舞蹈、民间工艺、民间音乐、民间戏剧、民间曲艺等，多是人们基于自身的生活和生产实践创造而出，有着浓郁的乡土气息，是传统村落景观的重要表征。

2. 传统村落的景观类型及其特征

传统村落的景观类型包括生态类景观、聚落类景观、人文类景观三类，其特征各有差异：

（1）生态类景观及其特征

生态类景观反映在村落中就是地形、阳光、风水、植被、土壤等，不同传统村落的生态景观表现各有差别，代表性的有如下三类：

一是山地、森林混合景观。在我国，山地、森林分布广泛，具有多样化的生态功能和良好的经济价值，不仅能够保护生态多样性，而且可以改善自然环境和生态环境，在湖南湘西州、广西东北部、贵州黔东南州等传统村落聚集地，均表现出明显的山地、森林混合景观特点。以贵州黔东南州为例，黔东南州是我国的传统村落聚集区，有 409 个村落入选了中国传统村落，此类村落有着良好的自然环境，域内有大量植被，森林覆盖率达到了 67.67%①，这为黔东南的传统景观赋予了良好的生态环境，也为人们的日常生活带来了充沛资源。

二是山地、梯田景观。在我国，梯田多分布在南方山岭地区，此类地区多为少数民族聚集区，代表性的有湖南新化紫鹊界梯田、广西龙胜龙脊梯田、云南红河哈尼梯田等。以红河哈尼梯田为例，其梯田分布面积较广，大小不均，与田埂之间构成了独具特色的村落景观，在此格局下，高位林地能够为梯田提供水源，梯田又可为低位林地提供水源，形成了一个能量循环格局。

三是湿地桑基鱼塘景观。这类景观是将低洼处的土地形成一种水路循环的良性系统，该种模式多见于我国珠三角地区和长三角地区，以湖州桑基鱼塘生态循环系统为例，其历史悠久，最早可以追溯到春秋战国时期，总面积

---

① 侯先成，安佑志. 黔东南州传统村落组群风貌的空间分布特征研究［J］. 安徽农学通报，2021，27（5）：5-8.

达到了 14000 平方千米，两侧水塘密布，周边还有鱼塘、树林、农田等环境要素，是杭嘉湖地区的农耕文明代表①。

（2）聚落类景观及其特征

一是村落建筑景观。在村落人居环境中，建筑是一个主体因素，根据功能差别，常见的建筑有村民居住建筑、生产建筑、宗教建筑、公共建筑等。我国气候环境差异较大，加之民族众多，传统村落建筑景观呈现出明显的地域性特点。比如，从作用来看，可以将传统村落的建筑划分为居住建筑、公共建筑和生产性建筑；从屋顶造型来看，又有平顶式、圆顶式、硬山顶式。在湘西传统村落中，人们会依山水修建房屋，屋顶为硬山顶式，在山墙上会装饰一些鸟类绘画，建筑用材多为木材，展示出湘西传统村落的文化特征。在河南，有大量的地坑院民居，这类民居分布在黄土层地势较高的地方，多使用黄土麦秆、砖、水、石头、石灰等制作而成。

二是公共空间景观。公共空间景观根据开放程度、空间活动、空间形态、空间功能的差异承担着多种任务，比如，广场就是传统村落居民聚会的主要场所，特别是在民族地区中，当地居民每年都会举行一些祭祀节庆活动。在村落中，还形成了戏台、鼓楼等大型活动场所。比如，云南大理白族村就以大榕树作为中心，在周边设置了庙宇、戏台、广场等，这里曾经是茶马古道的重要节点，既是交易中心，也承载着村落的宗教节庆活动，整个广场的规模、尺寸、位置选择与整个村落保持和谐统一。

（3）人文类景观及其特征

一是民俗民情景观。民俗民情景观是传统村落居民长期在生活中创造和使用的一种人文景观，包括节庆活动、民间手工艺、民俗娱乐、方言等，具

---

① 王静禹，周逸斌，孟留伟，等．湖州桑基鱼塘生态系统的服务价值评估［J］．蚕业科学，2018，44（4）：615-623.

有民族性、地域性、传承性，如苗族的吃新节、哈尼族的栽秧节、白族的打春牛等。在长期演变下，各个民族都形成了独特的民俗风情景观，如黔东南地区的苗年、侗年、鼓藏节、长桌宴等，都是重要的非物质文化遗产。

二是宗教信仰景观。宗教信仰景观有宗祠和自然两种信仰崇拜类型，其中，宗祠是人们祭拜祖先的场所，对传统村落景观分布产生了巨大影响，中国古代社会是一个宗族社会，比如，在兰溪的诸葛村中，人们以宗祠为中心形成了向心性的村落。在很多民族地区，人们崇拜树神，很多传统村落中都有自己的神树，人们常常在神树下祈祷，这也影响着传统村落的分布。

三是风水景观。风水对于村落选址产生了深刻影响，很多村落以风水理念为指导形成了具有特色的风水物景。比如，安徽宏村就是非常符合风水模式的传统村落，其风水环境如同一头卧牛一般，营造出了一种新人旺村、依山造屋的整体格局。

3. 传统村落的景观价值

（1）传统村落的景观属性

一是广泛性。传统村落是宝贵的旅游资源，当前，旅游业是助推传统村落发展的一项重要战略性产业，从各地传统村落发展情况来看，也有不少村落借助旅游业实现了经济发展。旅游业本身是第三产业，而传统村落的资源丰富，囊括艺术、历史、文化、经济、教育、旅游等多种社会功能，还蕴含着极为深厚的文化底蕴，包括民俗文化、壁画、雕塑、建筑等，是一种价值综合体，因此，传统村落表现出了较强的经济价值，在旅游业发展中有着独一无二的优势。同时，村落景观的研究数量也非常多，从现有的研究来看，有从布局角度开展的地理学研究，也有从生态环境方面进行的景观生态学研究，还有与文化和人口聚集相关的聚居学研究。二是公共性。传统村落景观的公共性即为居民服务的一项公共资源，能够为人们提供包括视觉欣赏、休闲娱乐等在内的功能，满足了人们对于生产、生活和文化方面的需求。在传统村落中，每个人都是村落景观的所有者和参与者，这也决定了村落景观的公共性特征。三是自然性。村落景观与城市景观截然不同，其自然性更为明显，村落景观大多以传统自然环境为核心，而城市景观则与之不同，在村落的发展过程中，尽管会受到城市化因素的影响，融入越来越多的人为景观，但是其与城市景观有本质差别，依然是以自然属性为主。

综合来看，传统村落的价值颇为丰富，它是以往乡村社会的重要缩影，对于提高当地居民的文化认同，保障区域文化多样性等十分重要。近年来，国家越来越关注传统文化的传承，并且提出了"文化自信"，而传统村落中蕴含着丰富的文化元素，但大多只在草根社会中传承，如果能够挖掘出传统村落中的文化元素，就可以有效提高中国人的文化自信，提升文化身份认可感。

（2）传统村落景观价值的发展动因

从外在方面来看，传统村落景观价值的发展动因包括三个方面：一是乡村政策的主导。改革开放以来，全国各个村落得到了迅速发展，尤其是在当前的乡村振兴契机下，国家政策支持无疑是助推传统村落景观发展的主要推动力。现有的政策目标就是为了缩小城乡差距、解决"三农"问题，提高农村居民的生活质量，这为村落景观发展带来了新的契机，因为无论是乡村景观的规划设计，还是村落景观的多元价值属性，都需要以政策作为依据和原则。二是居民对于聚居环境和游憩娱乐的需求。在新农村建设以及乡村振兴战略提出的背景下，农村居民对于生活质量的要求越来越高，这也为村落景观的发展带来了基础推动力。在以往，村落景观以农业景观为主，随着人们需求的变化，现有景观类型在不断发生变革，不仅借鉴了城市景观布局，各个村落也结合自身的特色和文化营造具有区域特色的景观格局，以满足居民们的需求。三是乡村经济发展的助推。经济基础决定上层建筑，在村落景观中也是如此。几千年来,农业一直都是乡村的经济支柱,随着城市化进程的发展,乡村的土地也从传统的以农业为主转化为多种开发模式相结合,新的土地利用方式产生。比如,一些村落的自然资源丰富,形成了以旅游开发为主的新型景观模式。在生态、低碳意识的普及下,又诞生了低碳发展等新型模式,这无疑极大地推动了村落景观的发展。

从内在方面来看,一是社会资源的科学分配。在村落景观中,社会资源是一项重要组成,社会资源能否科学分配也会决定村落景观的发展质量。当乡村经济得到发展时,人们开始注重提高自身的生活质量,这便会涉及村落景观、社会资源的分配问题。二是生态环保理念的普及。城市化不仅推动了乡村经济的发展,也对乡村的生物物种、自然环境等带来了影响。在景观生态学的普及下,乡村居民意识到了保护环境的重要性,为村落景观的发展奠定了坚实的基础。与此同时,在乡村振兴战略的实施下,乡村居民也更加关注村落的污染程度、空气质量等,意识到村落景观要朝着生态、可持续发展方向发展。三是人们健康休闲需求的日益迫切。在乡村振兴战略的实施下,人们的生活质量得到了大幅提升,农村居民的健康意识越来越强,而健康是由社会行为、卫生保健、环境等多种因素结合形成的,在经济的发展下,农村居民对于健康的需求也日益迫切。除此之外,在社会发展和乡村开放下,农村居民对于游憩、娱乐的要求也越来越高,这些都需要通过改造村落景观来实现。

(3)传统村落景观的价值

一是经济发展的重要助推力。我国传统村落分布多样、人口众多,改革开放以来,乡村经济迅速发展,传统村落的模式也发生了明显变化,景观体系也表现出集约性、多元化的特点,为乡村经济的发展带来了全新动力。首先,土地利用模式助推乡村经济的发展。土地利用模式和利用格局会对乡村经济的发展起到助推作用，利用传统村落的景观手段，能够在尊重乡村经济发展规律的基础上对土地资源进行有效配置，近年来，受城市化因素的影响，一些乡村对于土地的开发模式混乱，给传统村落造成了破坏，一些方式尽管能够为乡村带来直接利益，但是缺乏长期规划，必然不利于乡村的长远发展。因此，要因地制宜地保护好传统村落，做好土地用地规划和格局规划。其次，自然资源助推乡村经济的发展。在传统村落景观资源中，秀丽的自然资源十分宝贵，这种资源正好满足了城市居民度假、休闲、娱乐要求。传统村落的自然资源一般具有风景秀丽、令人神往、生态资源丰富、文化传承有序、人文气息浓郁等特点。近年来，农家乐在一些乡村中发展起来，随之引发的问题也不容忽视，过于关注经济效益而忽视了乡村的承载力，会导致村落生态环境遭到破坏，甚至给传统村落的保护带来毁灭性打击。最后，都市型农业推进乡村经济的发展。在我国乡村景观中，农业景观一直是主角，也是传统村落景观的最大特色。在科技的发展下，农业有了新的生机，借助大城市的人才、科技资源、市场优势，乡村的集约化农业生产成为可能。挖掘传统村落的农业价值，开发旅游观光、休闲娱乐产业，对于当地经济发展具有较大的推动作用。

二是乡村生态安全的保障。乡村安全即保障乡村居民的人身、财产、政治以及经济体制安全，传统村落的景观颇有特色，有效利用传统村落景观可以提高乡村生态安全保障能力，改善当地环境。与城市相比，传统村落有着得天独厚的环境优势、自然资源优势和人文优势，但由于人们缺乏环保意识，对于生态安全的认识比较薄弱，致使生态环境遭到了极大破坏。通过科学的景观规划设计，在考虑全局的基础上关注细节，可以为村落的生态环境提供保障。

三是社会利益的协调力量。传统村落景观属于乡村发展的重要组成，其建设和规划也会对各个群体的利益产生影响。具体来看，传统村落景观对于乡村经济发展具有一定的推动作用，能够助推政府改变资金和资源分配，优化基础设施建设，因地制宜地制订开发方案，最大限度保障农村居民的社会利益。另外，传统村落的景观也为人们提供了社会交往的活动空间，可以大大减少社会空间的破碎度。

四是村落文化的传承力量。传统村落的人文类景观背后有着独特的文化内涵，人文类景观有着空间、时间上的变化，时空差异能够反映出不同地域传统村落的文化特点。传统村落的发展需要以文化为载体，关注其文化价值内涵。从这个层面来看，传统村落的景观也是文化传承的重要组成。

（二）文化价值

1. 传统村落文化价值的发展基础

（1）农耕文化奠定了物质基础

传统村落的文化与当地居民所处的农业环境、社会环境以及采用的农业生产方式息息相关。在古代社会，农业经济占据着主导，所谓"农，天下之本，务莫大焉"。古人认为，农业是财富的主要源泉。由于当时生产力水平低下，生存方式主要依赖自然条件维持生计，这导致人们对自然高度依赖，也形成了人与自然协同发展的思想意识。这也是后续"天人合一"哲学观念的思想渊源。经过多年发展，"天人合一"的哲学理念演变为"爱国主义""集体至上""尊老爱幼""勤俭节约"等文化传统，成为乡村居民的精神食粮。从某种意义来看，农耕文明的本质就是人们希望通过辛勤劳动营造良好的生存空间和生活环境。对于村落居民而言，农耕文明是最具感召力的一种文明，其中蕴含着很多超时代的智慧，造就了中国文明的神秘之处。但农耕文明并非最高级别的文明形态，其本身也具有深层次的惰性，这种惰性影响着村落居民的行为习惯和行为方式，具体表现为思想上的保守和封闭，这种保守的心理造就了中国人特有的内倾型文化心理。

（2）伦理本位奠定了社会基础

传统村落社会的核心是以血缘伦理为基础，居民以家庭为单位，家庭成员之间有着紧密的血缘关系，在这种伦理本位的文化理念下，产生了差别较大的社会结构。在传统村落中，人们的生活和生产活动主要以家庭和家族为单位，形成了一种具有共同价值观的社会舆论，这种社会舆论又构建出了一种道德秩序，由于当地居民生活在熟人社会中，通常不会轻易破坏这种秩序，假如有人不小心逾越了社会边界，就会受到全体居民的谴责，因而这种秩序能够营造一种互助团结的氛围。

（3）精英是延续村落文化的民间力量

传统村落的文化蕴含着在民众的生活中，而在传统村落文化的传承过程中，宗族精英起着基础和引导作用，他们通过提供道德资源和公共产品来维持乡土秩序，达成一种稳定的社会运转体系。在传统村落中，精英一般在文化、经济和政治上享有较高地位，能够将国家政权和村落紧密联系起来。他们大多思想先进、经验丰富，有一定的资源、社会地位和经济实力，在村落中具有良好的人际关系，是村落社会秩序的维护者。在当地居民看来，精英们知书达理，代表着文化和道德上的权威，很多精英都将家族的地位看得非常重，在完成了资本积累之后，有些人在家乡斥巨资修建道路、族谱、祠堂等，并为有困难的族人提供帮扶，在延续村落文化上具有重要作用。

2. 传统村落文化的价值

传统村落文化的最大价值在于为居民们提供了人生价值观、生命意义的体现，使之能够在了解生活意义的基础上对未来充满希望，让乡土秩序有了可靠性的保障，具体表现在以下几个方面：

（1）传统村落文化的传统价值

第一，规范居民日常行为。日常行为是村落居民的重复性活动，包括劳动、饮食、闲暇娱乐等。长期以来，传统村落居民逐渐形成了一套独特的价值评估体系，也有了约定俗成的行为方式。在传统农耕时代，村落以家庭为中心，依靠人际关系和血缘关系来维持人脉，人们讲求父慈子孝、安居乐业、夫唱妇随。儒家文化强调"克己复礼"，农耕文明为儒家文化在传统村落中的生根发芽提供了基础。这一套文化思想已经深入到传统村落居民的思维方式、观念信仰、情感态度和行为之中，成为他们处理各类事务的基本原则和指导方针，贯穿于他们的日常生活。

第二，保障村落社会秩序的稳定性。社会秩序有两种类型：一种是命令式秩序，另一种是人们自发形成的秩序。在传统村落中，人们组成了生活共同体，依靠传统习俗、宗法家规来约束居民，这种秩序往往是自发性的非制度性规范，是人们在长期交往过程中形成的，并且得到了大多数人的认可。这一制度规范不仅与村落居民的价值取向、道德标准、处事态度相吻合，还大大提高了他们的归属感和依靠感。除此之外，非制度性规范还具有一定的道德引导作用，在很多村落的乡规民俗中，对于一些不被允许的行为会予以严格禁止，如果有人违反规定，轻则受到他人的呵斥和指责，重则遭受阻挡和惩治。

第三，维护美好家园的生存秩序。任何社会观念都是在当时特定的社会生产方式基础上诞生。长期以来，乡村居民都具有难以割舍的恋乡情结。在传统农业社会中，这种恋乡情结使他们能够自觉保护自己的乡土环境，因而，乡土文化也为当前的乡村振兴提供了生态智慧与经验。在乡土文化中，有着人与自然和谐共生的文化底蕴，在农耕社会中，人们靠天吃饭，在对待自然关系时，乡村文化倡导天、地、人之间的和谐，这就要求人们的活动应该遵循天地之时。

（2）传统村落文化的现代价值

第一，促进历史脉络的传承。在漫长的历史发展长河中，传统村落文化具有强大的生机和魅力，人们以村落建筑为载体将人、自然、生产融合起来，也孕育出多种多样的村落文化。在传统村落文化中，既有看得见的物质文化，也有摸不着的非物质文化，它们是村落发展的价值指引。因此，发展传统村落文化能够有效地传承历史脉络。

第二，促进国民经济的发展。农业是国家安身立命之根本，也是人类社会的衣食之源、生存之本，农业生产的根本就是解决吃饭问题，这也是国民经济发展的头等大事，而传统村落文化价值的一项重要内容就是促进经济发展。在农耕时代，人们积累了对自然规律的认识，进而上升至农业生产，以此来指导祖辈的生活发展，乡土文化能够基于自然条件来调整农业生产状态，进而促进经济的发展。

第三，起到教化作用。传统村落文化能够帮助村落居民守住自己的精神家园。文化的本质就是"以文化人"，通过健康文明的生产方式、文娱方式，更好地协调人与人、人与自然、人与社会的关系，形成一致性、系统化的价值观念，并潜移默化影响每一个村落居民，使之能够接受文化的约束和指导，这对于实现乡村振兴具有重要作用。

第四，绿色生态价值。传统村落的发展与生态环境密切相关，传统村落一般都依山傍水，有着较好的生态环境。因此，当地居民应该合理利用自然，形成涵养水源、保持水土、植树造林的优良传统，养成勤俭节约、崇尚自然、循环有序的生活方式。此外，合理利用土地，减少资源消耗，选择绿色环保的建筑，对于整个乡村的绿色发展都有着重大的意义。

乡土文化投射出了尊重自然的理念，也正是在乡土文化的作用下，人们发展出可以循环利用的有机农业，也诞生了农牧结合、精耕细作等多种农业生产方式，充分满足了村落居民的生存要求。在乡土文化中还蕴含着万物平等的生态价值取向，人们认为，人与自然是平等的，人不能凌驾于万物之上，应当仁爱万物、热爱生命、尊重生命，这也是传统村落居民们的恪守准则。除此之外，在乡土文化中，还有着"爱物"的生态伦理观，人们认为，对于自然资源应当遵循"取之有时，取之有节"的原则，反对暴殄天物，尽管古代社会强调重农抑商，但是并不反对求富。传统的乡土文化认为，只有人类尊重自然、爱护自然，生物界才能生机勃勃地发展，这对于当前生态文明建设也具有重要的启示意义。

（三）原生态价值

1. 原生态价值的相关理论

原生态有两个层次的含义，包括自然的原生态和文化方面的原生态。前者是环境、生物之间相互作用形成的生存和发展状态，后者则是在历史长河中积累下来的物质文化遗产和非物质文化遗产。原生态是相较于工业社会形态提出的，能够满足人们物质和精神方面的需求，在艺术审美、生态文明传承、生物多样性等方面都有着不可估量的价值。原生态资源具有几个特征：一是自然性，这是原生态资源的主要特征，强调这一生态资源是以原始、本真的状态存在，未经过加工和破坏；二是地域性，原生态资源与地域之间也有密切联系，各个地区的自然、人文、历史不同，原生态资源也表现出了浓郁的地域性特点；三是稀缺性，原生态资源大多是稀缺的，并非所有传统村落中都有原生态资源，其会受到外来文化、地域因素的影响，因此，一般都是稀缺性资源；四是价值性，在城市化进程的发展下，城市居民越加青睐原生态，开发原生态资源不仅能够挖掘其中的经济效益，还具有明显的社会效益和生态效益；五是传承性，尽管原生态资源会随着时间的推移而慢慢流逝，但是其基本形态和特征能够保持不变，这就让原生态资源具有较强的传承性。

从传统村落特点来看，其原生态资源的构成要素比较错综复杂，主要包括两类：一是自然资源。自然资源与人类生存发展相关，主要是可以加以利用并且会影响劳动生产的资源，如水体、动植物、土地、矿产资源、光资源等。这类资源有着变化性、整体性、可用性、区域性和分布不均性的特点，属于原生态资源的重中之重，其构成要素也非常复杂，包括农业资源、生物资源、海洋资源、矿产资源、水资源、气候气象、国土资源等。二是原生态资源。原生态资源是一个地区在长期发展中形成的资源形式，有物质文化资源，如饮食资源、乐器、服饰、建筑等，还有非物质文化资源，如音乐、手工艺、节庆活动等。

2. 传统村落中原生态资源的功能属性

原生态资源的构成要素复杂，并且有着诸多特征，其功能属性也十分多元。对于传统村落原生态价值的评估具有一定难度，因为其构成要素复杂，内部和外部的影响因素较多，因此，学界研究传统村落生态资源的功能性时，会根据其景观生态结构特征、社会经济特征、空间属性来综合考量。比如，既会考虑到村落在净化空气、涵养水源方面的作用，还会考虑其文化功能、保持土壤肥力、调节小气候、娱乐功能等作用。具体来看，传统村落中生态资源的功能属性表现在以下四个方面：

一是物质供给功能。村落的发展离不开生物质产品的供给，所谓物质供给功能，就是在保障自然生态系统完整性和稳定性的基础上，人类通过各种方式从自然生态系统中获得药材、食物、木材等物质资源。乡村生态系统能够为人们提供各类物质产品，如农作物、粮食产品、油料、棉花、果蔬、茶叶产品等。

二是调节服务功能。村落的原生态资源能够调节大气成分，有效减弱温室效应，其中的植被还有减少水土流失、稳定结构、保持土壤肥力等作用，除此之外，还具有调节气候、净化空气、涵养水源等生态服务功能。

三是支持服务功能。关于这一功能，可以从两个角度来分析：其一是自然资源的现存量能够为居民们提供直接利益；其二是自然资源可以改善当前的生存环境，具体表现为减少泥沙淤积、分解固体废弃物、保护土壤、维护生物多样性、净化水环境等。

四是文化服务功能。文化服务功能是原生态资源给人们带来的知识获取和休闲娱乐功能，以娱乐游憩和科研教育为主。娱乐游憩是原生态资源给人们带来娱乐休息场所，科研教育则是人类在开展科学研究时，原生态资源为人类提供研究地点和研究价值，及其在这一过程中产生的教育功能。

3. 传统村落的原生态价值类型

（1）物质供给价值

人类社会的发展需要生态系统提供多元化的物质产品，关于传统村落的物质供给价值，可以理解为在保障自然生态系统完整性和稳定性的基础上通过直接利用、转化利用等方式获取相应的食物、木材、药材等物质资源。借助传统村落的原生态系统，能够产生可供交换的物质产品，如大豆、水稻、小麦、玉米、薯类、大麦、棉花、果蔬茶叶等。

（2）调节服务价值

传统村落的原生态系统能够通过植物的光合作用调节大气成分，从而减弱温室效应。同时，原生态系统中的植被还具有减少水土流失、维系土壤结构、保护土壤肥力的作用。主要包括四个方面：一是固氮释氧。林地、耕地、草地的搭配可以释放出氧气。二是净化空气。在空气中有细颗粒、粉尘、二氧化硫、二氧化氮等对人体有害的物质，而传统村落的原生态系统能够吸附空气中的有害物质，降低有害物质在空气中的含量，从而达成净化空气的目的。三是调节小气候。原生态系统能够对特定区域内的小气候起到调节作用，达成降温、增雨的目的。四是涵养水源。原生态系统中的土层、根系、森林等都具有截流滞留降水的作用，能够有效涵养土壤水分。

（3）支持服务价值

传统村落的原生态系统能够改善村落居民的生存环境，这种支持服务的价值主要体现在四个方面：一是保持土壤肥力。原生态系统可以有效减少雨水对土壤带来的侵袭，提高土壤肥力，保持土壤肥力价值。二是生活污水净化价值。通过原生态系统吸收生活污水，能够有效降低污水中的污染物浓度，从而净化水环境。三是分解固体废弃物。原始村落居民长期的生活、生产会产生一定量的废弃物，久而久之就会影响周围生态，而原生态系统具有分解废弃物的功能，在净化环境的同时可以将其转化为植物的生长养分。四是维护生物多样性。原生态系统能够为村落的生物物种提供生存、繁衍空间，保护物种多样性。一般情况下，物种越是丰富，维持生物多样性的能力也就更强。

（4）文化服务价值

文化服务价值主要体现在娱乐游憩和科研教育上，娱乐游憩是为人们提供娱乐休闲场所，科研教学则为原生态系统的科学研究提供地点和对象。

（四）旅游价值

1. 传统村落旅游资源的概念与特点

（1）传统村落旅游资源的概念

传统村落旅游就是以传统村落各类综合资源为背景开发的旅游模式，从广义层面来看，是指开发村内各类具有旅游价值的相关资源的一种模式，包括生物景观资源、水域风光资源、地文景观资源、古迹建筑类资源等。传统村落旅游是人文和自然资源之间的结合，涵盖传统村落的所有旅游资源。从狭义层面来看，传统村落旅游就是从旅游资源的基本要素出发，为吸引游客前来参与旅游活动进行的资源开发工作。在此基础上，诞生了传统村落旅游产业，它是以各个传统村落旅游的核心主体作为链接，围绕传统村落的核心吸引物，以政府、房地产等辅助要素为基础，带动传统村落经济发展，促进产业链条之间的紧密联系，提高产品附加值与农民参与度，将各个产业链条之间深度结合，形成集休闲、度假、体验于一体的常态化产业。

传统村落旅游的资源构成丰富多样，主要包括三类：一是自然资源。自然资源是以传统村落中的土壤、水文、气候等为背景的自然要素构成的村落景观，在传统村落旅游发展中，自然资源产生了极为重要的作用。例如，地形地貌会导致不同传统村落的景观出现明显差异，也会制约传统村落旅游的开发和利用；气候因素会影响当地村落的居民类型、生活习惯、行为习惯、动植物分布等；水文要素会对传统村落的农业类型、交通等产生影响。二是有形的文化资源。有形文化资源是以传统村落的自然环境为基础，使游客能够产生切身体会的物质资源，包括传统村落的房屋、人物、居民服饰等，这类要素组成了传统村落的景观特征。三是无形的文化资源。无形的文化资源让每个村落都独一无二，影响当地农民的思维方式和民族性格，尽管此类资源是无形的，但游客在参与传统村落旅游的过程中能够感受到其中的真正内涵，这也是传统村落旅游的核心部分。

（2）传统村落旅游资源的特点

乡土旅游资源表现出了四个特征：一是乡土性。乡土性属于乡土旅游资源的本质特征，其主要面向群体为城市居民，他们在快节奏的城市生活下，希望能够到传统村落原生态中放松身心。传统村落旅游资源能够为游客带来独特的氛围，如深厚的民俗历史、丰富的区域特产以及原始的劳作形态。二是区域性。传统村落旅游资源一般是固定在特定区域内，不同区域的传统村落旅游资源具有明显差异，受各地水文、地质、动植物等因素的综合影响，且人类在传统村落的生活和生产也会对当地环境造成影响，因此传统村落旅游资源表现出了明显的区域性。三是广泛性。传统村落旅游资源分布广泛，并且比较复杂，我国国土面积较大，各地传统村落在不同社会环境和自然环境的熏陶下表现出了明显差异，其农业景观、民俗风情等都有明显的不同。四是季节性。传统村落旅游资源表现出了明显的季节性，这种资源是人文、自然资源的整合，也会受到地形地理环境的影响，在不同温度和季节下各个传统村落旅游资源表现出了一定差异。因此，这也让传统村落旅游资源的开发表现出了明显的季节性特点。

2. 传统村落的旅游价值

（1）助推乡村经济发展

发展传统村落旅游能够为农民提供更多的就业机会，也为乡村经济的发展提供了更多的资金支持。传统村落旅游一般都会伴随产生各个衍生产业，如农民可以通过销售手工艺品、农产品获取收入，也可为游客提供服务获取劳动报酬，这能够有效促进乡村经济的良性发展。旅游产业本身就具有较强的连带性和综合性，可以有效强化区域之间的合作，将相邻乡村构成有机整体，提高整个地区的旅游承载能力，带动交通环境、基础设施的改善，起到很好的良性循环作用。

（2）优化乡村产业结构

传统村落旅游经济能够改变乡村居民的生活，优化农业产业结构，这种转变能够帮助各个乡村科学配置各项资源，调整农业产业结构，通过挖掘传统村落特有的旅游资源，开发特色乡村旅游项目，如温泉游、冰雪游、森林游等，可以有效提高旅游资源的价值，因地制宜地打造特色品牌，带动乡村其他产业的高质量发展。

（3）推进美丽乡村建设

在乡村建设工作中，美丽乡村建设是各个部门高度关注的重点问题，发展传统村落旅游要求保护好村落原生态环境，完善各类基础设施，美化村落环境，实现乡村文化和旅游产业的融合，还要积极传承文化、保护传统村落风貌，将传统村落得天独厚的生态资源和自然资源转化为经济效益，这对于美丽乡村建设也具有一定的推动作用。

三、凉山州的传统村落文化

（一）农耕文化

凉山州的彝族文化保留得比较完整，自然环境的限制决定了凉山州彝族生产方式是以农耕为主、畜牧为辅，但在农耕的发展下，大规模畜牧逐步减少。由于长期属于封闭状态，凉山州农耕产业发展缓慢，由此孕育出了浓郁的彝族农耕文化，尽管脱贫攻坚和乡村振兴战略的实施让凉山州经济得到了显著发展，但在传统村落中孕育出的农耕文化依然根深蒂固地影响着当地居民。

1. 凉山州的农耕历史

凉山彝族的畜牧业历史悠久，最早可以追溯到西汉时期，《史记·西南夷列传》中有关于彝族的记载。在古代，彝族已经有农耕生活，但主要是狩猎和游牧。在近代，凉山州彝族居民的社会观念和生活习惯依然深受游牧时期的影响，彝族人的羊毛裙子、羊毛衣等都是使用羊毛编织而成，在凉山州居民的观念中，羊群等同于财富。

随着社会的发展，彝族居民的生产和生活环境也发生了变化，受地理因素的限制，畜牧业无法大规模发展，为了解决温饱问题，当地居民开始从游牧朝着农耕的方向转变，一些居民从高山迁入了平坝，与汉民族的文化、经济交流也逐渐密切，他们学习汉族居民的耕种习惯，种植水稻，在如今的昭觉、美姑等地区，还有大片的水稻种植区域。

凉山州长期以来经济发展滞后，直至中华人民共和国成立前依然在沿用原始的刀耕火种形式，很少人工施肥，经营管理模式也比较粗放，缺乏科学的病虫害防治措施。彝族居民常种植的农作物有土豆、玉米、水稻、燕麦、大麦、小麦、豆子等，除农耕生产之外，凉山州彝族居民还会饲养牲畜，包括牛、羊、猪、马等。对于当地彝族居民而言，羊群象征着财富（见图 3-1 至图 3-3），猪肉是彝族人的主要肉食来源，在每年的新年、婚庆、火把节等仪式中，都会屠宰祭祀。

图 3-1　凉山州彝族斗牛

资料来源：阿牛史日摄影。

图3-2　凉山彝族牲畜交易市场（一）

资料来源：阿牛史日摄影。

图3-3　凉山彝族牲畜交易市场（二）

资料来源：阿牛史日摄影。

1956年，凉山州开始进行民主改革，"一步跨千年"由奴隶社会直接进入社会主义社会。改革开放以后，凉山州实施了"包干到户"。1979～

1982 年，凉山州普遍建立各种形式的生产责任制，最后基本上统一到包产到户上来，形成了家庭联产承包为主要特征的农业经营方式。在政府的扶持下，凉山州居民的生产积极性显著提高，耕种技术也得到了进一步发展，除了种植常规农作物之外，各地区也在因地制宜地开发新品种，如甘蔗、烤烟、棉花、油菜、核桃、花椒、苹果、桃子、李子等，在畜牧方面还引入了鹅、鸭、水牛等。与此同时，彝族居民开始推行选育良种、合理密植，越来越重视病虫害管理，极大减轻了农耕劳作负担。在农耕业的发展下，以往大规模的放牧被圈养所替代，一般每户人家会饲养一头水牛、一匹马，以及若干头圈养猪。近年来，得益于脱贫攻坚战略的实施，凉山州彝族聚居区居民开始从高寒山区向城镇和平坝地区迁移。

2. 凉山州的农耕文化

（1）农耕礼仪

农耕礼仪是凉山州彝族居民在生产实践中积累形成的一种仪式活动，从春播到秋收，当地居民都会举行丰富多样的仪式活动，主要包括以下五种：

一是防灾害仪式：凉山州的自然灾害频发，人们为了防御洪涝、霜冻、病虫害、冰雹等自然灾害，在每年的 2~3 月，会举行祈福祛灾仪式，每家每户都要参与。如今，凉山州居民受汉族节日的影响，在每年的二月初八会举行为期三天的农耕仪式，在农历三月三，每户人家会共同出资购买鸡和猪，到山坡上举行仪式（见图 3-4 和图 3-5），祈求人丁兴旺、五谷丰登、六畜旺盛。

二是求雨仪式：气候条件对凉山州的粮食收成有重要影响，在每年的干旱季节，凉山州彝族居民会聚集在一起商量求雨事宜，一般是在春播时节举行求雨仪式。在仪式当天，人们提着水瓢和水桶相互泼水嬉戏，嘴里喊着"下雨了，下雨了"，希望通过此类仪式来祈求上天的庇护。农耕是凉山州居

图3-4 凉山彝族祭祀仪式（一）

资料来源：阿牛史日摄影。

图3-5 凉山彝族祭祀仪式（二）

资料来源：阿牛史日摄影。

民的主要生计方式，如果雨水不足，就会影响粮食收成。在长期的自然环境和社会文化影响下，凉山州彝族居民形成了独具特色的求雨仪式。此外，在雨季，凉山州也会出现洪涝灾害，为祈求风调雨顺当地居民会举行祭龙仪式。

这些仪式充分体现了凉山州居民对农业生产的重视，并反映了其独特的自然观和文化传统。

三是耕种节日：在每年春播时，凉山州每家每户的老人都会计算播种吉日，在第一天播种时，他们会举行祭祀祖灵仪式，祈求来年庄稼丰收，各家女主人也会更换上得体、漂亮的服饰，用精美的器具盛上肉汤，将其泼洒在自家的田地上，随后就会举行祭神仪式，祈祷五谷丰登。

四是尝新仪式：凉山州自古以来常发生洪水，庄稼常被洪水淹没，人民生活困苦。因此，在每年农作物的收获季节，人们都会举行尝新仪式，如将刚刚收获的荞麦磨成面粉，煮成荞粑，用此类新鲜食物祭祀祖灵，祈求来年五谷丰登、人丁兴旺，然后根据家族辈分来分享食物。

五是祈福仪式：在每年三月，凉山州的彝族居民还会举行祈福仪式，将每家每户提供的农作物放在铁锅中干炒，一起分享给青少年，寓意在新的一年要平安健康。历史上，凉山州医疗条件落后，人们将健康的希望寄托于神，希望通过食用此类食物来预防疾病。

（2）农作物传说

荞子：凉山州彝族居民多居住在高寒地区，这类地区本身比较适合荞子的生长。人们对荞子有着特殊的情感，荞子不仅是凉山州彝族居民主要的粮食来源，还承载着彝族祖先的生活记忆。因此，凉山州彝族居民在祭祀祖先等重要场合，通常会准备苦荞食品。

圆根：圆根的用途广泛、产量高，既是粮食，也是水果，还作为饲养牲畜饲料。由于凉山州居民生活在高山上，很多蔬菜不适合种植，圆根便成为蔬菜。

水稻：凉山州水稻种植有悠久的历史，在古代，稻米就被广泛种植于凉山州，但是由于凉山州山地面积广阔，适合种植水稻的水田较少，水稻的收成量一直不高，大多被作为走亲访友或者招待客人的上品。

玉米：玉米是由美洲传入，种植范围广，特别适合在山区种植，因此很快就在凉山州得到了推广，丰富了当地居民的食物来源。关于玉米，凉山州有一个这样的传说："玉米穿了很多层衣服，一定是皇帝女儿吃的食物"，后来，凉山州居民将苞谷饭称为"皇帝女儿饭"。

土豆：土豆是近代才传入凉山州的，其耐寒特征非常适合在山区推广。凉山州居民认为，土豆是被放牧者于田野中发现的，带回来煮熟即可食用，于是就挖回来播种。但是当时土豆的收成一直不高，后来引进新的品种后才有所改善。

（3）农耕谚语

农耕谚语是指诞生于农耕文化的谚语，也是凉山州居民千百年来在生产中总结的经验和智慧，与当地居民的生活有着密切联系。例如，"人根是粮食，粮根是肥料"、"地若撒了肥，肥就变成粮"。凉山州彝族居民认为，要给农作物施肥才能够提高收成，他们也积累了一些特殊的积肥和施肥方式。凉山州彝族居民喜欢用对比、比喻的方式来形容人、粮食、牲畜之间的关系。他们认为，农耕和畜牧之间是一种相辅相成的关系，比如，"没有牧人，农人会饿死，没有农人，牧人会饿死"。在长期的生活实践中，凉山州彝族居民非常依赖养殖业，羊不仅是主要的肉食来源，还提供了保暖需要的羊毛。因此，凉山州居民认为"五谷以荞为首，牲畜以绵羊为首"。同时，人们认为鸡也是一个好帮手，由于生产力水平低下，凉山州彝族居民在古代没有时、分、秒的概念，只能以公鸡打鸣作为时间坐标。凉山州居民非常重视子女农耕知识的传授，有这样一个谚语："姑娘不习织，轮到纺织时，织竿戳眼睛，眼泪往下滴，众人皆笑之。"长期以来的农耕生活让凉山州彝族居民有了这样的认识："一天不劳动，十天要挨饿。"

3. 凉山州农耕文化的传承

在凉山州居民，特别是彝族家庭中，非常重视农耕文化的传承。一般情况下，彝族家庭孩子在十岁左右就要跟随家长进行农耕劳作，并接受农耕文化教育。具体来看，凉山州农耕文化的传承主要有以下三种方式：

一是农作物种植技术的传承。凉山州居民会通过现场教学等方式为子女传授农作物种植技术，在每年 11~12 月人们会犁地，次年 3 月堆肥，4 月中旬播种，5~6 月除草、施肥、田间管理，9~10 月可以收获、存储。凉山州居民非常讲究各个耕种环节，父母在带着孩子学习时会手把手地传授，这也是凉山州农耕文化能代代相传的主要原因。

二是物候知识的传承。凉山州居民在长期的生产和劳作中，积累了丰富的物候知识，这是源自于人们对于动物和气象关系的总结。凉山州居民习惯将生活的一天分为若干个劳动时段，他们会根据日落点位置来决定农时。在耕种时，对物候、季节的把握十分重要，如果错过时机，就会对一年的收获产生影响。因此，人们会告诫子女必须要按照时节来播种才能够有丰富的收获。

三是病虫害知识的预防。每年六月是凉山州居民开展田间管理的黄金时节，在农耕实践中，人们积累了大量病虫害的预防知识，会采用草木灰来灭虫。在凉山州居民家庭中，几乎每家都有火塘，人们会利用这些火塘生产草木灰，也会通过言传身教的方式为后辈们传授预防病虫害的知识。

（二）漆器文化

彝族的漆器文化颇具代表性，漆器兼具艺术性和实用性，与哲学、民族艺术等都有着一定的关联，彝族的漆器是彝族文化的一颗璀璨明珠，历史悠久，完美传承了古代工艺，时至今日，漆器依然是彝族居民生活的重要器具。

1. 彝族漆器的历史

彝族漆器有着悠久历史，其造型、图案、色彩、风格等都与彝族文化一脉相承，但是彝族漆器并未朝着艺术性的方向发展，其风格古朴，更加注重实用性。从明末清初开始，凉山州彝族进入了以家支为基本社会组织的割据时期。当时的凉山州经济发展滞后，居民常常需要迁徙，便携的漆器、木器因此成为了家居用品的主流。在中华人民共和国成立之前，凉山州彝族居民普遍会制作简单的漆器，这类漆器主要用于日常生活，并非商业用途，因此做工也比较粗糙。长期以来，彝族居民在制作漆器的过程中并未发生较大变化，只是工艺上有所改良，经过多个朝代的变迁，彝族漆器形成了独具风格的纹样。中华人民共和国成立后，漆器逐渐成为凉山州的特产，也成为研究彝族文化的活态标本。随着凉山州经济的不断发展，漆器产量也在持续增加，形成了多元联动的生产格局。如今，彝族漆器远销海内外，迎来了全新的发展机遇。

2. 彝族漆器的材料和工艺特点

在选材方面，考虑到彝族居民的特殊生活需求，人们更加重视材料的实用性，并且每一种材料都有严格规定，彝族漆器所用的大漆产自于天然树皮，为黑褐色，有着良好的防水、防腐的作用，材料也比较朴素，注重实用性。彝族居民喜欢黑色，因此，大多数彝族漆器为黑色或者黑褐色，为了提升黑色的纯度，人们尝试在底漆中增加锅底灰，但是这种方式会影响底漆附着力，于是匠人们又尝试加入猪血以提高大漆的附着力。此外，彝族漆器的胚胎用料十分考究，其工艺流程较为复杂，皮胎多选择水牛皮。随着时代的发展，彝族漆器的工艺也发生了变化，传统工艺与现代工艺存在显著差异，在胚胎和底漆处理上，传统工艺比较简单，到了近代，随着科技的进步，一些工序已经可以用机器操作，变化最大的就是胚胎制作。另外，当前使用的绘笔工具也出现了变化，在漆器的纹样上，人们开始尝试加入花草、人物等进行绘制，尽管现代化的彝族漆器与传统漆器纹样存在明显差别，但仍继承了其简明的绘画特点（见图3-6）。

图 3-6　彝族漆器牛皮碗纹样

资料来源：阿牛史日摄影。

3. 彝族漆器的文化内涵

彝族漆器的纹样图案十分多元，包括山河、树木、家畜、野兽、地貌等，有展现自然的纹样，也有反映日常生活的纹样，还有一些原始图腾纹样，如网纹、月牙纹、阳光纹、太阳纹、牛眼纹、鱼刺纹、鱼眼纹等。传统的彝族漆器大方简明、棱角分明、方圆规整，纹样不仅简单易懂，还蕴含着丰富的文化意义。彝族漆器纹样的运用具有一定的规律，有的纹样只能使用在特定的漆器器皿上，并且多数漆器都采用对称的审美原则。因此，传统的漆器匠人不会使用各种纹样将漆器填满，而是会根据漆器的大小来安排对称的纹样。传统的漆器都是手工制作，无法使用机械化手段进行精准控制，因此，评估一个漆器艺人的能力标准，就是看其纹样的绘制是否得当。在漆器纹样中，蕴含着彝族居民征服自然的斗争精神。由于凉山州的自然环境比较恶劣，长期以来，彝族居民都在与大自然进行斗争，从各类纹样中能够看到彝族居民观察、改造、征服自然的历史遗迹。因此，纹样饰物大多是使用自然中的植物或者动物，还有一些与生活、生产、天文、地理、兵器、人体部位相关的纹样，这类纹样源自于生活和自然，蕴含着彝族居民的伦理道德、宗教思想和传统思想观念。人们通过各类吉祥的纹样表达对美好生活的愿景，比如，在彝族文化中，绵羊代表着"吉祥"和"纯洁"，当家中有人离世时，彝族居民通常会屠宰一头公绵羊。由此可见，彝族漆器文化表现出了彝族居民的生产和生活，并且不同时代的漆器纹样也反映出彝族居民生活的变迁。

4. 彝族漆器文化的传承

（1）发挥博物馆保护作用

在凉山彝族奴隶社会博物馆中收藏了大量的彝族漆器，涵盖彝族居民生活的诸多方面，如石器、马具、乐器、兵器、法器等。此外，博物馆中还收藏了大量彝族铠甲，这类铠甲的制作工艺复杂，多采用水牛皮制作。另外，凉山州各个高职院校中也收藏了一些彝族漆器，其种类繁多，质量参差不齐，通过教学、研究和展览等方式，为彝族漆器文化的传承做出了突出的贡献。

（2）促进漆器的产业化开发

乡村振兴战略的实施为彝族漆器的产业化发展提供了新机遇，在当地政府的扶持下，彝族漆器产业化进程加快，企业数量越来越多，生产经营方式也在不断创新。然而，目前凉山州还缺乏具有竞争力的漆器龙头企业，生产工艺标准化水平不高。与彝族服饰相比，彝族漆器文化的开发活力较弱。基于此，还需要大力推进漆器产业化进程，坚持保护与传承。

（3）推进制作工艺的创新

随着时代的发展和变迁，彝族漆器制作工艺也在与时俱进，比如，胚胎的类型越来越多，除了保留传统的竹胎、木胎和皮骨胎之外，还新增了玻璃、塑料和陶瓷等材质。在制作工艺上，传统彝族漆器制作工艺十分复杂，有二十多种。改革开放之后，彝族漆器的生产工艺经历了显著的更新换代。当前，彝族漆器的制作工具已经进入数控机床时代。随着漆器行业竞争的日趋激烈，一些企业借助新媒体平台有效提高了彝族漆器的影响力，这对于彝族漆器文化的传承具有积极价值和重要意义。

（三）服饰文化

凉山州彝族文化还囊括了服饰文化，这是彝族居民用独特艺术形式记录下的一种生活痕迹，利用图案、色彩、样式等方式记录本民族的历史文化，是彝族文化的百科全书。

1. 凉山州彝族服饰的发展

彝族源自氏羌部落，尽管秦汉时期彝族服饰已存在，但关于这一时期的彝族服饰几乎没有记载。唐朝时期开始有关于彝族服饰的记载，在唐代，彝族服饰就有了披肩，并延续至今。宋朝时期，彝族服饰迅速发展，在继承原有特征的基础上颜色变得更加丰富。到了元代，彝族居民的头饰发生显著变化，服饰也表现出了明显的阶级特点。清朝时期，关于彝族服饰的文献数量较多，这一时期彝族居民的服饰发生了较大变化，表现出显著的地域差别。民国时期，凉山州彝族服饰依然保持原样。由于凉山州长期处于奴隶制社会，在这种制度下，凉山州彝族服饰文化也得到了很好的保留。

具体来看，凉山州彝族服饰的色彩风格较为统一。男士多身着黑色和青色，女士则以红色、黑色、黄色为主。在日常生活中，男士多着长衣和长裤，女士多着长衣和百褶裙。然而，由于地区差异，男女服饰在款式、装饰等方面也存在一定差别。在现代文明的冲击下，彝族服饰也开始朝着现代化的方向发展，更加注重审美性和时尚性。其质地、色彩、图案、形制等都发生了一定的变化（见图3-7至图3-9）。

图 3-7　彝族传统服饰（一）

资料来源：阿牛史日摄影。

图 3-8　彝族传统服饰（二）

资料来源：阿牛史日摄影。

图 3-9　彝族传统服饰（三）

资料来源：阿牛史日摄影。

2. 凉山彝族服饰文化分析

（1）实用心理

从目前学术界的研究来看，关于服饰的起源还存在争议，有人认为，服饰源自古人对御寒的需求；还有人认为，服饰是源自于遮羞需求。凉山州彝族居民长期生活在西部高原地带，气候寒冷、常年积雪，为了抵御寒冷，男子服饰改为了裤装，女装则从以往的袍服改为裙装，不仅御寒效果更好，而且不会影响日常耕种和狩猎。

在生态环境发生变化之后，彝族居民的居住环境随之改变，他们居住在树林茂密的山地，在行走时容易被树枝等杂物刮伤，因此，他们又对民族服饰进行了改良，以更好地适应居住环境。在凉山州，最具文化标识的服饰就是查尔瓦，这是当地居民为了适应环境设计出的服装，形似斗篷，由羊毛或者麻制作而成（见图 3-10 和图 3-11），能够遮风挡雨，由于当地温差较大，在晚上可将服装作为棉被使用。查尔瓦的主色调以白色、青色、灰色为主，用毛绒线编织而成，还设置了长穗流苏，显得别致而清新。

图 3-10　织羊毛土布

资料来源：阿牛史日摄影。

图 3-11　剪羊毛

资料来源：阿牛史日摄影。

（2）原始崇拜

原始崇拜是指人类在原始时期表现出的神性心理，随着原始宗教的发展，原始崇拜逐步发展起来。在传统宗教观念中，人的活动由神灵赐予，彝族居民非常推崇这一点。凉山州彝族居民是一个迁移型民族，在发展过程中遇到了很多困难，由于当时缺乏精神上的寄托，他们只能够将希望寄托于神灵。凉山州彝族服饰也深受这一文化的影响，比如，妇女的包头就源自彝族人的原始崇拜。对于彝族居民而言，他们认为神灵世界是非常值得尊敬的，在日常的服饰、生活、生产中，他们都会祈求神灵的庇佑。另外，在凉山州彝族服饰中还有大量的黑色元素，黑色既代表着彝族居民的神巫崇拜心理，还象征着威严和庄重，代表彝族居民的美好愿景。

（3）身份认同

每个民族的服饰文化都会深受自然环境、地理条件的影响，其背后反映了地域文化心理。凉山州彝族的自然地理环境特殊，高山河流众多，将各个聚集区分散开来。在长期的奴隶社会制度下，彝族居民的家支理念强烈。服饰是区分民族的重要标志之一，从彝族服饰的发展进程来看，服饰的变迁也彰显出当地的乡土观念，反映着彝族居民的民族精神和文化认同。在彝族服饰中，红色是一种常见的颜色，彝族居民对红色情有独钟，他们认为人类是火的化身，因此，彝族居民非常敬重火，这种对于火的崇拜不仅源自于对祖先的纪念，也是他们对于美好生活的期待。在古代，火为彝族居民赶走了黑暗，给他们带来了吉祥和光明，因此红色对于彝族居民而言颇具生命价值，也承载着较多的文化内涵，在某种情况下，红色是帮助彝族居民突破生存困境的精神支柱，这种力量质朴而又强大。

3.彝族服饰文化的传承

在凉山州彝族服饰文化的传承中，主要采用如下两种方法：

一是博物馆、文化馆的传承。在凉山州当地的博物馆和文化馆中，收集了大量传统彝族服饰，此类服饰厚重古朴、做工细腻，反映出凉山州彝族主流文化以及服饰文化的变迁。

二是日常服饰的多元化。随着乡村振兴战略的推进下，各类新潮的服装进入凉山州，传统彝族服饰做工复杂、用料多、难以清洗，加之人们生活节奏的加快，无法满足人们的日常生活需求，因此很多彝族青年在日常生活中减少了穿着彝族服饰的频次。但是，在彝族服饰文化的创新过程中，涌现了大批彝族设计师，他们在保持原有传统彝族服装的基础上加入时尚元素，使之更加满足人们的现代审美需求。

另外，为了传承彝族服饰文化，国家也在政策上予以支持，比如，设置非遗项目、鼓励相关人员参与弘扬传统彝族服饰文化的实践中。当地高职院校也开设了彝族服饰设计与制作等民族文化课程。除此之外，彝族传统服饰也开始进入市场，彝族服饰，尤其是女性服饰，不管是造型、纹样还是刺绣方面，都有着浓郁的艺术气息。自20世纪80年代以来，国家开始定期举办彝族服饰展览，一直延续至今。当前，在凉山州政府的推动下，彝族服饰也开始慢慢地走出去，人们借助"互联网+"时代的优势拍摄短视频，营造品牌氛围，吸引更多人的关注和参与，这对于彝族传统服饰文化的创新和发展起到了积极的推动作用。

四、凉山州传统村落的聚居背景

（一）凉山州自然地理环境

凉山州地势西北高、东南低，最高海拔达5958米，最低海拔仅有305米，其地形复杂多样，三维气候明显，年平均气温为14~17℃，干湿分明，夏季气候凉爽、雨量多，冬季干燥温暖、雨量少，日照充足，年平均日照时间有 2000~2400 小时①。凉山州彝族传统村落聚居区主要在海拔 1000~4000米，人们长期居住在气候寒冷、土地贫瘠的高山环境；交通不便，缺乏生产资料，生产力低下，因此，他们形成了适应自然、尊敬自然的生产态度和信仰方式。村落的设计、构造和规划都有明显的自然性特点，建筑主要采用木质结构或者土木混合结构。彝族的传统民居结构如图 3-12 和图 3-13 所示。

图 3-12　彝族传统民居（一）

资料来源：阿牛史日摄影。

（二）凉山州文化土壤与传统村落分布

1. 祖先崇拜与传统村落分布

凉山州彝族居民对祖先极为崇敬，他们认为祖先庇佑着整个家族，祭祖

---

①　王石英. 四川省凉山州人口——资源系统的和谐性分析和协调途径研究 [D]. 西安：陕西师范大学硕士学位论文，2000.

图 3-13　彝族传统民居（二）

资料来源：阿牛史日摄影。

不仅可以表达自己的孝心，还可以祈求祖先的庇佑，因此牺牲祭祖的习俗在凉山州一直延续至今。在彝族居民的聚居地中，祭祖的场所一般都在宽阔、平坦的广场，供居民在节日中祭祀祖先。在彝族居民的住宅内，也会留出祭祀和供奉祖先的场所，既可以设在厨房和堂屋，也可以单独开辟空间，以便人们在节日期间祭祖。

2. 自然崇拜与村落分布

凉山州彝族居民信奉"万物皆有灵"，他们认为，自然界中的飞禽走兽、水流巨石、山川草木、雷电风雨、日月星辰等都是有灵性的。改革开放之前，彝族居民的生活环境较为艰苦，他们继承了先辈的狩猎和森林采集传统，通过长期的观察，认为动物具有较高的灵性。人在面对神秘的自然时往往是无力并且渺小的，于是，彝族居民形成了对自然的崇拜和信仰。

在凉山州彝族村落中，火崇拜颇具特色，每年的火把节都十分隆重。火把节时期，他们会在村落广场举行重大的祭祀活动，祭祖先、祭火、祭天地，祈求家宅平安。节日期间，村落中的居民还会走亲访友，极大地促进了人们的沟通。这种火崇拜对于村落的分布也有明显影响，在房屋之中，人们会设置火塘，基本上四季都不会熄灭，人们使用火塘来烧茶、煮饭、照明、取暖。在以往生产力不发达的时期，凉山州尚未通电，彝族居民常常全家围坐在火塘边，这既是举行仪式的地方，也是全家聊天的区域。直至现在，凉山州的一些彝族村落中依然保留着这个传统。很多居民会将火塘设置于老人卧室，既方便老人取暖，也便于全家一起喝茶聊天，这种火崇拜几乎贯穿到了彝族居民生产的各个方面。

另外，彝族居民还信奉虎崇拜，并将虎作为保护神。他们认为，尽管彝族天神有很大的本事，但仍需要依靠老虎来创造天地万物，这对于彝族村落的直接影响就是几乎每家每户都会设置一个宽敞的庭院作为祭祀和活动空间。彝族居民还崇拜葫芦，他们会在壁龛上供奉两个葫芦，而葫芦通常代表着祖先。

受凉山州历史条件、地理环境的限制，彝族文化传统有着单一性、丰富性并存的特点。在长期的封闭环境下，当地大多数传统村落保留着完好的民族区域文化，村落民居以土木结构为主。但从总体来看，除了一些比较偏远的传统村落之外，大多数凉山州彝族村落的整体风貌保存情况不太理想，且这一趋势还在持续蔓延。因此，对于彝族传统村落的保护和利用显得尤为迫切。

（三）凉山州彝族传统村落的聚居特点

1. 凉山州彝族传统村落的构成特征

凉山州彝族传统村落是以地缘关系、血缘关系为基础凝聚而成的生活共同体，在整个凉山州境内，表现出了分散聚居的状态。根据聚居组成结构来看，主要有三类：一是父系血缘聚落。此类聚落是指村内各家庭有统一父系血缘关系，各个家庭的男性作为家长，根据父系尊卑选择继承人，有着明显的宗族特点，族长有着绝对的领导地位。目前，这类村落在凉山州的占比较小，并且随着社会的发展，年青一代的受教育水平越来越高，此类村落的比例也在逐步减小。二是姻亲血缘聚落。凉山州有的村落地理环境比较接近，会出现多村落之间通婚的情况，让村落逐步发展壮大。在此类村落中，既有宗族制度特点，也有姻亲关系，各个家庭之间往往有血缘关系，在同一个村落中有几个不同的大姓。目前，此类村落在凉山州的数量较多。三是杂性搬迁聚落。此类村落由不同村落的居民重新选址组成，村落中的居民有的有血缘或姻亲关系，有的则没有，且存在多种姓氏，此类村落是由于在社会经济发展或者自然灾害的影响下，不同村落中的居民搬迁聚居在一起。随着凉山州经济的发展，这类村落的数量也在慢慢增加。

2. 凉山州彝族传统村落的形态特点

传统村落的形态会受到当地经济水平、气候、温度、地理区位、传统习俗等因素的影响，在这几种因素中，地理区位的影响最为深远，这也让彝族传统村落呈现出以下五个特点：

（1）布局分散

凉山州境内，大多数彝族村落是分散聚居的（见图3-14）。受当地独特地理环境影响，凉山州多以山区为主，平坝很少。面积较大的平坝一般是政府所在地，其余为数不多的平坝成为传统村落的聚居地，大型村落有几十户居民，小型村落仅有几户居民。凉山州彝族居民的生产方式主要为农耕和放牧，导致各个村落对于耕地和林地都有较大的依赖性。从具体走访情况来看，在大的村落中，农田都分布在平缓区域，为了满足耕种需求，有些居民会在距离较远的山腰开垦农地。村落中每家每户都会养殖牲畜,当周边林地无法满足畜牧要求时,只能选择到较远的林地中放牧,放牧一般由老人和小孩负责,青壮年劳动力则负责耕种。因此,放牧区域高度不会过高,距离也不会离村落过远,这也使得凉山州彝族村落的聚落山脚多为河谷,再往上走为本族墓葬区或者神树区,这类区域是禁止狩猎、砍伐和耕种的。综上所述,分散的村落可以更好地适应凉山州彝族居民的生产和生活需求。

图3-14 彝族传统民居布局

资料来源:谢诗呷摄影。

(2)选址多为山区

凉山州彝族村落的选址多集中在山区。在山区中生活,通常能够很好地保护传统村落文化传承。然而,这种封闭的环境也可能会影响文化传播。在山区,更易出现一些与彝族精神文化相关的特色景观,如祖先林、山神庙、神树等。当地居民将自己的灵魂和信仰寄托到这类物品上,这也成为凉山州彝族传统村落居民生活生产的重要组成。

（3）向阳背山面水

凉山州彝族村落大多向阳、背山、面水，所建区域阳光较好、视野开阔。一些村落居民会选择将房屋设置在与公路邻近的一边，不仅交通比较便利，耕种和放牧时也不需要翻山越岭。在精准扶贫战略的推进下，一些道路交通便利村落的居民会在公路沿线建造"农家乐"，出售当地的山货等特产，不仅有效提高了居民的收入水平，还促进了传统村落的文化交流，使越来越多的游客能够了解彝族居民的生活和生产情况。

（4）布局依山就势

大多数凉山州彝族村落的构图中心并不明显，基本前有向山后有靠山（或靠岩山、大箐、大树）左右有竹为屏障的藏风纳气地形，形成"撮箕形"的柴煤水火俱全的宅基地，这种地形选择旨在营造一个良好的居住环境，有利于藏风聚气，保障居民的生活质量。每个村落还会在平坦的空地上设置活动广场，每年彝族的隆重节日都会在广场中举行，也是村落居民的共同活动场所。

（5）近水避涝

凉山州大多数彝族村落选址时都不会穿过河流，溪流和河流一般在村落的下方位置，村落离水系有较长的距离，这种村落选址既不会影响灌溉，还能够避免洪涝自然灾害的产生。究其原因，是由于彝族居民在长期的生活生产实践下形成了自由的村落选址经验。凉山州多山，山势陡峭高大，汇聚起来的水流冲击较大，每年雨季都会形成汛期，因此，居民们在选址时都会特意避开低洼地区。当然，也有少数特例，有的村落会开挖沟渠，引水进入农田，这种引水进村的方式能够有效减少暴雨时期的大量积水，可以避免山体滑坡的发生，同时方便了灌溉取水。

（四）凉山州彝族传统村落的空间特点

1. 空间形式

从地理情况来看，凉山州山地较多，也有一些河谷，因此，彝族村落多处于江河两岸大山深处，是典型的山地和河谷地貌，这让凉山州大多数彝族村落都有明显的外部聚落空间，居民的院落空间布局大致相同，无论是朝向还是流向，分布特点都大相径庭。从空间分布来看，凉山州彝族村落的空间形式是从山顶、山腰到山脚的竖向布局形式，村落一般位于山脚和山腰位置，其中，中部为村落聚居地，也是居民们的生活空间，在下部到水系之间，是人们的耕种和放牧空间。河水为耕种、灌溉、牲畜饮水等提供了水源，农田区域还能建造鱼塘，满足居民的生活需求。一些村落居民会种植甘蔗、西瓜、葡萄等水果，还有的会栽种经济林木等。

2. 空间要素

凉山州彝族传统村落的构成要素与人们的生产和生活息息相关，并且带有自然特色，具体组成包括：

一是山林和石头。彝族村落居民一般会在村落入口和水井位置种植高大树木，在祖先灵位位置，也会种植大量的高大树木，并且禁止在此区域中放牧、砍伐。当地居民认为，石头和树木都有灵性，一些较大的树木会被奉为神树，有些形态特殊的石头则会被认为是整个村落的神石，人们会供奉这些神树和神石，祈求庇护整个村落，保佑居民幸福安康。保留完好的自然环境不仅可以让村落的空气清新，还可以避免一些自然灾害的影响。

二是水系。在凉山州彝族村落中，水系一般有三种：第一种是小溪从村落前流过，这类小溪的流速一般较慢，人们会在河边修建鱼塘，引溪水来饲养鱼类，并且经过小溪冲刷过的土地比较肥沃，适合耕种，人们也会将小溪中的水用作饮水或者洗衣用水；第二种是大江大河从村前流过，在凉山州大江大河两岸也分布了很多传统村落，人们会在水流附近的区域建造住所；第三种是小溪从村中流过，此类小溪一般是饮水水源，人们会在小溪中上段取水用作生活用水，小溪下段则作为牲畜用水和灌溉用水。随着社会的发展，凉山州各个村落都已经通了自来水，建设了饮水池，解决了人们的生活用水问题，但一些村落居民仍使用溪水和河水灌溉庄稼，这也逐步成为彝族村落中颇具特色的自然景观。

三是出入口。凉山州彝族传统村落的出入口是与外部空间区别的一种边界性标志，这类区域出入口一般不是为了防御所建，大多数凉山州彝族传统村落不会建造村门，但有的村落会设置过渡空间，如老树、小河、大石、甘蔗林等。总之，村落的出入口标志非常多元，可以是山、石、水或者是转弯路。随着社会的发展，传统村落的经济逐步改善，有的村落会在道路入口位置设置村门和寨门，展示本村名称。

四是路网。路网是连接传统村落之间及与外部的道路总称，在凉山州彝族传统村落中，道路并不多，一般都有一条连接全村的主干道，这条道路较为宽敞，还有一些通往山林的小路，道路尽管不宽但便于行走。一些村落还会与邻村修建连通道路，但是较少。村落之间的内部道路则是联系各家各户的主要道路，一般比较密集，大多是根据村落的地形和高线设置。在凉山州很多彝族传统村落中，居民都会制作精致的乐器、刺绣、手工服饰，以往交通闭塞，村落居民与外部的沟通渠道狭窄，而当前各类新建的道路为村落与外部贸易提供了便利，也提高了居民的收入。

五是建筑物。凉山州彝族村落建筑物有民居、土地庙等，有的村落还会设置土司府，但是是以民居为主。随着社会的发展，有的村落还设置了文化活动室、村委会等，以满足居民的日常生活需求。传统村落的大型活动一般是在村落外开展，还有一些是在本村后山的祖先林，以及山神庙或者龙神庙中，一些小型祭祀活动则是在自家家中进行。如今，越来越多的彝族村落中设置了公共用房，作为宣传、学习和开会场地。

六是活动广场。大多数凉山州彝族村落位于山腰位置，地面坡度较大，家家户户都是挨着的，很难有公共活动空间，因此人们会在村落、院落中搭建场地用作祭祀。有的规模较大的村落会在本村的打谷场或者山梁或山脚下开辟一片空地，作为大型活动场地，这类区域地势平坦，是村落的交通节点，人们会在晚饭后进入活动广场聚会、聊天，大型传统节日也是在这一场所中进行。除此之外，还会修建村落间的大型广场，这类广场大都在几个村落的中心位置，也是位于平坦的区域上。

（五）凉山州彝族传统村落的民居特点

凉山州彝族村落的地理环境、经济发展水平各有差别，居民的生活和生产方式也不同，导致凉山州彝族村落居民区各有特点。根据资料查阅来看，凉山州彝族传统村落中的民居有垛木房、土掌房和一字房，在海拔较高的区域，人们多建造垛木房。

1. 垛木房

垛木房分布在凉山州境内海拔较高、雨水充沛、森林资源丰富的高山地区，此类村落户数一般较少，大多为几十户的小型村落，村落周围丰富的森林资源为垛木房提供了原材料。垛木房从屋顶到墙体均是使用木材制作而成。垛木房一般是沿着等高线来布置，有一定的高度差，大多是开放式布局，民居与民居之间不会设置围墙，每一栋外部都会设置开敞平台，尽管平台空间不大，但是基本可以满足人们的生产和生活需求。由于凉山州的建房场地陡峭，很少有平坦的空间，但垛木房能够较好适应当地地形条件，弥补了垛木房本身通风、采光不佳的缺点。在垛木房周围，当地居民可以设置厕所、牛羊圈、库房等辅助用房，完善民居的各项辅助功能，且这类房屋的建造成本较低，建造技术比较简单，抗震性能好，非常适合凉山州的地理情况。在垛木房中，是以正房作为中心空间，一层是卧室、火塘和堂屋，二层则存储粮食，大多是独栋单元，垛木房的空间形态更加的自由、开放，但是很少设置维护设施，兼顾人们生活和生产的各方面需求。在垛木房中，也会设置火塘空间，火塘一般是设置在正房堂屋，人们围绕火塘聊天、休憩等。随着社会的发展，人们基本不再使用木材来建造垛木房，原有的垛木房大多作为储存空间或者直接闲置。

2. 土掌房

土掌房主要分布于河谷和山区村落，在这类区域中，大小河流分布，人们会就近取材。建造土掌房的土质坚硬、黏结力强，并且河流冲刷的砂石也可用于建筑材料。凉山州传统村落中的土掌房一般是平行排布，村落几乎都采用密集型布局，人们依靠山势来建造，这种房屋建筑类型极大地适应了当时的生产需求。土掌房的核心为内院，主要的空间有厨房、牲畜房、洗浴间、卧室、储物间等。卫生间设置在民居住宅之外，屋顶中有着半公共的晾晒空间，内院则相对私密，是彝族村落居民的主要活动场所。在土掌房中，对外的广场和道路很少开窗和开洞口，内部空间开阔，内院为每个民居的单独使用空间，人们在这里种养、花草、放养鸡鸭、洗衣服等，这类庭院的设计比较实用、灵活，将自然环境和民居融合在一起，联通了庭院的各个房间，很好地解决了坡地建房的问题。同时，在土掌房中，还会设置火塘空间。彝族居民崇尚火，虽然凉山州的传统彝族村落分布在不同海拔、不同地区，但在各类型彝族民居中，都会设置火塘，只是位置上具有差别。土掌房中的火塘是人们休息和生活空间。在物资贫乏时代，人们在夜晚会围绕火塘而坐，抽旱烟、泡茶等，年轻一辈听家里的老人讲故事，孩子们学唱彝族歌曲，学习彝族文字等。当前，凉山州彝族新建的土掌房越来越少，原有的土掌房也在逐步消失。

长期以来，凉山州彝族居民的生产方式以农耕为主，每年都需要晾晒农作物。受山地地形等地势因素的影响，村落中很少有开放的空间供村民晾晒农作物，即便有空间，通风和采光条件也不一定好。而土掌房屋顶向阳且平坦，为农作物晾晒提供了最佳场所。土掌房视野较好、屋顶平整，彝族妇女在闲暇时可在屋顶上制作手工艺品。土掌房还可以作为晚饭后人们的交往空间，老人们会在屋顶喝酒、喝茶、跳舞，男女青年也会在屋顶对山歌、聊天等。此外，土掌房还符合当地居民的习俗要求，将村落中居民的屋顶联系起来。每逢火把节时，人们可以在屋顶跳进跳出，寓意着祈福消灾，带来丰收和平安。

3. 一字房

一字房广泛分布于凉山州彝族地区的传统村落中，多以中间海拔区域为主。这类区域大多坡度较缓，村落的规模各异，民居表现出半开敞或者开敞的特点。一字房的村落整体地势平缓，前后排房屋之间有高度差，兼顾了采光和通风要求，一般都是采用合院的设计形式。凉山州彝族居民的生产方式以农耕为主，需要留出晾晒农作物和放养鸡鸭的空地，而一字房的民居布局设计不仅为农作物和衣物的晾晒提供了便利，还留出了家禽饲养和物资堆放场地，能够适应彝族居民的生产需求，也为各家各户提供了相对独立的空间。一字房还会设置内院，人们可以在这里晾晒、洗衣、做饭、吃饭、聚会、家庭宴请等。

一字房中也多为两层结构，包括堂屋、卧室。正房前的空间是人们的交流休闲空间，厢房则多用于储物间和厨房，是彝族居民生活、生产的必需空间。与其他民居类型相比，一字房民居的组合形态规整、功能完备，建筑空间更加齐全，空间之间的过渡具有层次感，也没有表现出较强的封闭性，整个院落很少设置围墙，或者会设置低矮围墙避免家禽跑到院外（见图3-15至图3-18）。

彝族传统民居有着半私密性特征的原因有四个：一是源自于人们对自然的崇拜。彝族居民认为，山水、木石、飞禽走兽都有灵性，村落周围的山水也是人们生活的大环境，因此，不需要将其封闭起来。二是村落人员构成因素的影响。彝族村落居民之间的联系是非常紧密的，人们的相处比较和谐、亲密，整个村落如同大家庭一般，因此不需要设置护栏来进行防护。三是互助化的生产方式。凉山州彝族居民世代以农耕和种植为主，在农忙期间，亲属和邻里之间会相互帮助，整体的关系也比较和谐。四是共同的祭祀信仰。彝族居民有着共同的祭祀信仰，这让他们形成了共同的习惯。从文化角度来看，这种祭祀信仰对于彝族居民的影响十分深远，人们的生活氛围非常和谐。在一字房中，通常会设置火塘，只是火塘的位置与其他两类民居不同，一般设置在正房、老人卧室或者厨房之中。人们围绕火塘聊天、传授彝族文化，这是整个家庭精神世界的象征。

图3-15　彝族民居外部结构（一）

资料来源：谢诗呷摄影。

乡村振兴背景下民族地区传统村落保护与发展研究

图 3-16 彝族民居外部结构（二）

资料来源：谢诗呷摄影。

图 3-17 彝族民居内部结构（一）

资料来源：阿牛史日摄影。

· 94 ·

图 3-18　彝族民居内部结构（二）

资料来源：谢诗呷摄影。

（六）凉山州彝族传统村落民居文化分析

凉山州彝族村落的传统民居经历了巢居、穴居、半巢居、半穴居、山地建屋的发展过程。在中华人民共和国成立之前，彝族生产力水平滞后，文化环境封闭，人们为了躲避洪涝、遮风挡雨，会在天然洞穴、树洞或者高大树上修建巢穴，改善居住环境。彝族居民有祭祖的习惯，会在家里供奉祖先灵位，即便是在巢居和穴居时期，人们也有送祖灵入树洞的习俗。后来，村落中的民居逐渐丰富起来，出现了板柱墙、土坯墙等多种建筑形式。随着社会的发展和时代的进步，彝族居民对于村落居住空间的要求也越来越高。例如，在高寒的山区建造垛木房，在河谷地区则建造土掌房。在一些交通相对便利的村落中，其受汉文化影响较大，出现了一些工艺比较复杂的一字形顶瓦房。可以看出，彝族传统村落中的民居发展过程是一个顺应时代、逐步进步的过程，在这一过程中，也形成了独有特色的民居文化。随着社会的发展，大多数彝族村落居民都通过自己的努力改善了生活环境。

1. 凉山州传统村落的聚居原则

一是依山而建，靠山而居：凉山州彝族传统村落居民成长于山区、发展于山区，在选择村落时，他们非常看重山势和山形，村落一般也选择建在高山斜坡上，这种选址在凉山州非常多见。受到当地文化的影响，大多数村落选址都会设置在山脉中段、地势稍缓的地带，村落后面有大山，陡峭村落的正面则有梯田，进村后坡度有的比较险要，有的则较为平缓。

二是藏风聚气、近水避浪：凉山州彝族传统村落居民认为，山脉从远到近形成了环抱空间，靠近山脚或者山腰位置冬季能阻挡冷风，夏季可以接纳一些正面吹来的微风，这种环境是非常宜居的。因此，凉山州彝族村落大多会建设在群山环绕的平缓地势上。人们也会注意避免受到不良地质的影响，避开冲沟和洼地，这样，在遇到暴雨时不仅能够避免积水大量灌入村里，还可以顺势流入旁边的溪流和河流中。凉山州彝族居民们面对复杂的气候和地理环境，总结出了具有适应性的建房经验和村落选址经验，会尽可能避开各类不利因素，创造出有助于整个村落发展的空间。

2. 凉山州传统村落选址的自然因素

一是山形地貌的影响。凉山州传统村落的选址离不开山，大多数村落选址都有一个共通点，如村落中有水源、前有缓坡、整体向阳，这种选址方式既能保证阳光充足又能隐蔽避风。很多村落周围会作为开垦或者放牧用地，但是后山植被一般保留完好，作为整个村落居民的精神寄托场所。

二是水资源的影响。在凉山州彝族地区流行这样的说法，"人有多高，水有多高"，也就是说，只要是彝族聚集的传统村落，周边必然会有水源，人们的生活、生产都需要用水，庄稼需要用水灌溉，人和牲畜需要饮水。在早年，村落的选址相对自由，但水源一直都是居民们关注的首要因素。

3. 凉山州传统村落建房和入宅习俗

在建造民居和村落时，当地居民会请毕摩来选址，在选址时也会综合考虑时间和空间因素选好地方之后，会根据本村习俗开启建造和入宅仪式，当然，这与居民的经济条件也有一定的关系。总体来看，在长期的历史发展中，人们积累了一些建房习俗，并通过长辈、工匠的口口相传逐步流传下来。在凉山州不同的传统村落中，人们的建房习俗虽具有差异，但总体来看，都会遵循三个原则：一是择地定向。在条件许可的情况下，人们都会选择顺山势来建造民居，并且优先选择坐北朝南，如果条件不许可，则选择坐西朝东或者坐东朝西，背靠高山是一个基本原则，选址完毕后就会定下地基，不会轻易挪动。二是破土。彝族居民多会选择吉时，祈求建造的平安顺利，人们会将建房时砍伐的第一棵树作为中梁，寓意着家宅百年不败，或者请木匠师傅做中梁，然后砍下其他的料子作为柱子和梁等。三是竖柱上梁。在建造房屋时，会请毕摩选择一个良辰吉日邀请上亲朋好友，在吉时到来时，将第一根中柱立起来，寓意着吉祥平安。在民居建好之后，人们也会遵守一些特定的准则，包括入宅宴席、祈福祭祀、驻扎安土、跳葫芦笙舞、唱诵青棚调或关龙经等。

（七）传统习俗对凉山州村落选址的影响

传统村落是凉山州彝族习俗的外在表达，也反映着本地的历史和文化，这类村落表达着彝族居民对世界的看法，也传承着一种民族精神。尽管各个村落的建筑类型和风貌不同，但都是本民族生活习惯、伦理观念的反映，是融合传统文化的一种外在表现，并且在长期的发展中，形成了独具民族特色的文化体系。在文化的发展和进步下，彝族习俗和村落文化也发生了变化，深入分析传统习俗对于村落的影响能够把握传统村落文化的演进方向，对于保护和利用传统村落具有一定的启迪。综合来看，传统习俗对凉山州村落选址的影响表现为以下五个方面：

1. 自然崇拜的影响

在彝族传统文化中，人们强调自然崇拜，从心理层面来看，自然崇拜能够让他们有一种稳定、踏实的感觉；从客观角度来看，自然崇拜对于村落也起到了保护作用，能够避免传统村落暴露在不利自然环境中，这种自然崇拜也决定着山顶位置一般是作为祖先和神灵居所，而村落选址则位于这些居所的下方。

2. 祖先崇拜的影响

彝族祖先崇拜也影响着人们的村落选址，彝族的祖先陵一般都设在山顶位置，人们会选择居住在山脚或者山腰下，这与当地祖先信仰息息相关。到了现代，彝族居民更加喜欢居住在周围有公园或者山体的区域，这让他们距离自然更近，满足了彝族居民骨子里亲近自然的要求。在当前的凉山州彝族聚居区，尽管人们住上了现代化的住宅，但依然保留着祭祀的习惯，人们会在住宅中寻找一些隐蔽位置，开辟一个较小的空间来祭祀祖先。

3. 饮食习俗的影响

长期以来，彝族居民习惯了自给自足的生活方式。在以往，彝族居民受到生产力的制约，过着农耕、狩猎、放牧结合的生产方式。有的村落中，人们是以农耕为主，狩猎和放牧为辅，有的村落则是放牧与农耕并重，狩猎为辅，这就决定了居民们需要留出一定的存储粮食和晾晒粮食空间。除此之外，在凉山州传统村落中，人们在每年的 6~9 月总是能够采获到各类可食用野生菌，如干巴菌、松茸、牛肝菌等，在一些收成较好的年份，人们会将这些野生菌拿到市场上出售，不仅可以大大增加家庭的收入，还造就出了彝族居民独特的饮食文化和生活习惯，也有了松茸煮鸡、炭烤菌子等特色彝族美食。为了保存这些美食，人们会在民居中设置晒台，用以晾晒各种野菜和野生菌。在 20 世纪 80 年代前后，狩猎还是彝族居民们锻炼体能、改善生活的重要活动，人们在打猎中收获了肉食，也磨砺了个体的胆量、勇气和协调能力，人们常使用的狩猎工具有刀具、火枪，还有陀螺，于是在凉山州传统村落中，也就出现了"打陀螺"的传统活动，人们会在村落中打陀螺、练山歌，充满彝族文化精神气息。

4. 婚恋习俗的影响

彝族婚恋习俗对于村落的布局也产生了重要影响，在思想观念的进步下，彝族村落居民与外族通婚的情况也越来越多。凉山州传统村落中大多是父系家庭，由于人们结婚较早，在很多家庭会表现出三代同堂、四世同堂的现象。彝族的一些家庭观念与汉族十分相似，如长幼有序、尊卑有别等，在日常生活中，子女需要尊敬父母。由于人们非常注重日常礼节，反映到村落和民居布置上，也是讲究主次分明、重点明确，各类型民居大多会采用正面横向三开间的形式，讲究左右布局。

5. 信仰习俗的影响

凉山州传统村落的彝族居民的信仰习俗在民居以及村落选址中都有直接体现，正房堂屋是彝族居民一家团聚的场所，也是与祖先沟通的空间，以及举行丧葬习俗的主要场所。火塘是当地居民精神世界的聚焦点，在早年，人们会将火塘设置在民居堂屋中。随着社会的发展，火塘的位置有所变化，火塘的一些功能慢慢减弱，甚至在当前很多村落的彝族家庭中，已经不再设置火塘。院落是人们晾晒粮食、儿童玩乐、放养家禽的场所，也是居民们婚庆、祭祀、丧葬的重要场所，彝族居民的信仰习惯直接或间接影响民居和村落的布局，作为彝族居民的精神内核，其影响已经延续了很多年。

(八) 凉山州传统村落选址的适应性

在凉山州彝族传统村落中,自然环境是影响村落聚居以及居民生存的物质基础,也制约着村落的空间特点、选址、选材等。

1. 村落的场所适应性

凉山州彝族传统村落的选址特点表现为依山而建、靠山而居、藏风聚气、近水避浪。气候环境影响着凉山州的自然环境,凉山州本身地处云贵高原位置,境内多山,海拔相差较大,这种地形也是村落选址的主要限制因素,彝族居民利用建造技巧灵活处理空间,村落的布置或集中、或分散,整体是依照山形来自然生长。村落中的内部道路与当地居民的日常生活和生产息息相关,基本都是随着村落山势、地形而建造。

2. 气候适应性

气候也是村落居民需要面对的客观因素,居民们往往会根据气候变化进行自我调适,如拆旧建新或者将原有住宅挪作他用。凉山州气候垂直变化较为明显,在彝族村落中,也常常会出现"一山分四季、十里不同天"的立体化气候。在这种气候环境下,人们建造村落都会选择在平缓、向阳的坡地上,且民居的墙体十分厚实,既能够保障民居的坚固性,又能够满足隔热、保温要求,大大提高了民居的稳定性,正适合多变的山区气候。

3. 选材适应性

由于长期生活在山区,村落民居的选材受本地资源的限制。凉山州彝族村落中分布着各种天然建筑材料,这些建筑材料也决定着民居的建筑方式。长期以来,凉山州传统村落的民居颇具本土特色,人们基于就地取材原则建造出了区域特色浓厚的民居,在森林茂密的高海拔区,人们多使用木材来建造民居。但在当前,在森林保护工作的日益完善下,原有的木质民居逐步被搁置。在河谷区域，森林资源较为匮乏，人们大多会使用山石、木材、茅草、生土等建造房屋，这充分体现出了彝族居民们顺应自然的特点。

4. 建造适应性

在凉山州的传统村落中，人们常常需要应对各种自然灾害，因此，必须要保证民居的稳固性和安全性，无论是何种类型的民居，都是以安全性为主要原则。人们在建立房屋时，会与我国传统的木构体系相结合，这种体系既能够适应当地复杂的地形条件，也保障了整个建筑的稳定性。

（九）凉山州传统村落的彝族个性

1. 与自然和谐相处

在彝族居民选择和建造村落的过程中，都体现出了人与自然和谐统一的生态伦理观，这与汉族传统文化强调的天人合一思想具有相似之处，这也是在漫长的历史进程中彝族人民比较容易接受汉文化的深层次原因。如今，在凉山州的传统村落中，都有保护山林、动植物的村规民约，不管是口头的还是书面的，均是彝族居民需遵守的信条。在彝族先民看来，自然中的一切都有灵气，飞禽走兽也会选址建造自己的栖息地，与人类盖房子一样，只是选址和材料具有差异。上述种种都体现了彝族居民崇尚自然的民族个性，在建造房屋时，人们并不会嫌弃垛木房、土掌房的外形单一，也不会过于进行人工雕琢，这种崇尚自然的个性印刻在每一个彝族居民的基因之中。

2. 兼容并包

尽管凉山州传统村落分布在偏远地区，但是从整个彝族的发展历程来看，他们并不是一个完全自我封闭的民族，尽管凉山州交通不便，但是并没有阻隔彝族居民与外界的学习和交流。相反，即便身处偏远地区，彝族居民也会吸收其他民族的优秀文化，这也让彝族文化一直处于融合和发展之中。另外，凉山州彝族村落中有迁徙的居民，也有世代居住于此的居民，各个村落之间也有文化沟通，有的彝族居民逐渐被汉化，他们不仅学习彝语，还会学习汉语，受到汉族文化的影响，他们信奉儒、释、道三教。总体来看，凉山州传统村落中的彝族居民或多或少地受到了汉文化的影响，尤其是土司和贵族们，他们学习汉字，启用汉族专业人才为自己建造院落和村社，这也加快了汉文化的传播。综合来看，彝族具有较强的包容性，他们擅长学习其他民族的优秀文化，使本民族的优秀文化与其他民族文化相互融合，进而得到继承和发展。

3. 厚重质朴

彝族居民十分质朴，在村落设计上，他们一般不会做过多的额外装饰，往往会用直接、简洁的形式来表达，不做过多的美化。相较而言，白族居民更加强调村落和民居的装饰效果，人们会在山墙上绘制山花，房屋上做各种各样的装饰等，而在彝族传统村落民居中，人们对墙面的处理非常简单，并没有任何的装饰，只是在墙头上设置瓦片以保障民居的耐久性，在村落和民居的设置上，都表现出了下实上虚的稳重性，反映的是其本身的建筑美和自然美。

4. 直爽热情

在凉山州所有传统村落中，彝族居民间都有较好的生活氛围，外在表现就是当地居民直爽、热情的个性特点，这从村落和民居的设置中即可看出。以土掌房为例，从外观来看，其是一个封闭的空间，但是居民们却可以通过各家各户的屋顶走遍全村，屋顶都是连通起来的，既能够晾晒粮食和谷物，也能够聚会聊天，开展民俗活动。彝族传统村落的居民大多是同一祖先，宗族长者具有较强的影响力，村规民约也是强调家庭和睦、尊老爱幼、互帮互助、邻里和谐，如果有人违背了条约，则会面临全体村民的共同制裁，这种方式有效提高了村落的凝聚力，也造就出了彝族居民们直爽热情的性格特点。

五、凉山州传统村落的保护现状

（一）凉山州传统村落保护具体策略

1. 积极整治村落生态环境

在实施乡村振兴的背景下，传统村落空间环境的整治也受到了高度关注，为了达成乡村振兴战略目标，凉山州也积极在这一方面发力，探索整治传统村落空间环境的新方法，在保护传统村落现有山、水、林、田的基础上坚决杜绝不合理开发引起的生态环境破坏。同时，大力推进垃圾处理整治工作，长期以来，凉山州传统村落的垃圾处理设施较为简单，是影响村落环境卫生的一个重要因素。近年来，凉山州积极推进垃圾处理设施的现代化建设，提高了垃圾处理效率。同时，积极推进水环境的治理工作，完善生态污水处理设施，提高传统村落的水生态修复能力和河道清淤能力，进一步提升了水环境的生态价值，通过设置雕塑、修建广场、种植花草树木等方式有效优化了凉山州传统村落的环境，在这一方式的带动下，村民的环保意识也得以明显提升。

2. 主动保护村落的空间格局

在实施乡村振兴战略背景下，保护好原有传统村落的空间格局成为保护传统文化的必要举措，也是实现传统村落发展的有效措施。凉山州也在这一方面发力，主要从三个方面着手：一是保护公共空间。积极修复传统村落中的庭院、广场、宗祠等，对于其中具有历史意义、文化意义的公共空间予以重点保护，使得传统村落的公共空间焕发出了新的生机。二是保护街巷空间。街巷承载着传统村落的人文、历史，在街巷空间的保护上，凉山州积极维护传统村落空间形态的原真性，进行了合理规划、适度更新。例如，针对古树、广场、晒谷场等较大的开敞空间，通过铺设绿化、修缮整理、增设娱乐设施等方式进一步发挥出其文化价值和作用。三是关注外立面保护。对传统村落的外立面进行整体修饰，突出文化特色，以确保整个传统村落能够保持统一、协调的风貌。

3. 科学划分保护区域

传统村落的保护涉及自然景观、建筑风貌、历史文化、生态环境等各个方面，这不单单是对历史文化的传承和保护，也是对社会经济发展的促进，这项工作是一项十分复杂的系统化工作。凉山州针对传统村落的保护建立了整体保护理念，科学划分保护等级，主要将其划分成三个等级：一是核心保护区。核心保护区是传统村落中历史风貌连续、建筑集中度高，可以反映传统村落历史风貌和第三地方特色的代表区域，在保护上，坚持保护为主、严禁破坏、适度修缮原则。二是建设控制地带。这属于传统村落空间的延续区域，对于这一区域的保护遵循合理建设、内外协调原则，不仅要保护好原有的村落风貌，也要留出一定的预留空间，为后续的乡村旅游开发提供便利和支持。在建设控制地带的保护上，凉山州要综合考虑传统村落的山水格局、空间结构等，进行严格控制，禁止破坏传统村落的原生态建筑物。三是环境协调区域。这一区域要求做到建筑物、历史文化与环境的协调一致，遵循生态保护优先原则，要求不能破坏核心区域的传统建筑，并确保建筑风格的延续性。

4. 保护非物质文化遗产

我国对于非遗的保护和传承予以高度重视，传统村落也是非物质文化的重要组成部分，凉山州的传统村落中也积累了丰富的非物质文化遗产，其内容涵盖服饰、饮食、节日庆典、传统舞蹈、工艺品等方面，具有重要的文化、历史、技术、科学价值。近年来，凉山州也在积极保护传统村落中的非物质文化遗产，致力于提高村民的文化自信心和文化素养，以通过保护非遗来传承传统文化。

5. 鼓励村落居民积极参与

传统村落的保护发展既要发挥出政府作用，也离不开村民的主动参与，这本身与乡村振兴治理工作也有紧密联系。村落居民是传统村落的主人，因此，凉山州在保护传统村落的过程中也在积极动员村民力量。在传统村落的保护上，村民既是参与者，也是受益者，通过这一方式既提高了村民的参与积极性，也能够从他们的角度为传统村落保护提供更多意见，从而提高治理效果。

（二）凉山州传统村落保护面临的困境

1. 村落空间变得衰败

从凉山州传统村落保护现状来看，凉山州传统村落中的民居建筑距离当前时代已经久远，以土木结构为主的民居其寿命相对较短，加之自然条件的影响，且长时间没有定期维护和更新，很多房屋都遭到破坏。近年来，凉山州彝族村落人口持续外流，加之技术、政策、资金等问题的掣肘，致使很多珍贵的民居未能得到及时修缮和保护，加剧了其破坏速度，在长期的风吹雨打中，传统民居难以保持原貌。

传统村落中的民居建筑和内部空间布局更多的是适应农耕时代的要求，随着现代化进程的发展，凉山州居民的物质生活水平得到了明显提升，而传统民居中的空间狭小，采光和通风也不理想，严重影响着居民的居住质量。

另外，凉山州传统村落民居是连片存在，不利于民居、院落的整体保护和修缮。对于居住已久的老年居民，他们尚可接受，但是对于在"互联网+"时代下成长而来的年青一代，他们并不愿意居住在传统村落中。尽管一些村民也希望改善居住条件，但是在技术、资金以及思想观念等因素的限制下，致使传统村落的更新和改造变得困难重重。

2. 文化传承存在困境

当前，在传统村落的保护上，文化传承困境广泛存在，具体表现为：

第一，风貌特色的传承危机。在当前的彝族传统村落中，还存在一些无序建设行为，这些行为无疑破坏了村落的风貌。在现代化进程的推进下，居民们迫切希望改变居住环境，一些居民开始对传统的民居进行简单、粗放的改造，甚至直接拆除重建。这些所谓的现代化建筑不管是材质、色彩还是体量，都与传统村落中原有的民居风格相去甚远，影响了整个村落风貌的整体性和原真性。

第二，乡土文化的失落性。在城市化进程的发展下，村落居民的乡土文化认同感持续降低，尤其是年青一代，他们与这片土地缺乏精神与情感上的连接，致使凉山州彝族村落的文化传承失去了人才骨干和中坚力量，节庆风俗、民间工艺都面临着无人可传的困境。

第四章 乡村振兴背景下民族地区传统村落保护原则与发展策略

一、民族地区传统村落的保护原则

(一) 整体性原则

目前，我国民族地区传统村落都是集中连片，在此类区域中，村落与村落之间并非孤立存在，而是共属于相同的自然地理单元。村落之间在商贸、信仰方面具有稳定的联系，截至目前，各村落之间还保留着相似的生活和生产方式，人们的民俗传统、精神信仰相同。在特定地域内，依托于自然地理环境，村落之间的经济、文化相互渗透，形成了与其他地区不同的历史文化色彩。在凉山州彝族传统村落中，也有着系统性、整体性的复合价值，因此，对于传统村落的保护需要遵循整体性原则，在坚持村落保护和活化的过程中，要明确各个村落在历史文化、自然地理环境之间的关联性，避免人为割裂村落之间的联系，导致乡土文化的传承变得碎片化。

（二）底线性原则

传统村落是重要的文化遗产，其构成要素十分多元，有着特殊的价值。在传统村落的保护上，需要关注其特色，以中华传统文化为基点，坚持底线性原则。村落属于农村社区，承载着乡村居民的过去、当下和未来，截至目前，依然有着较强的发展诉求。对于村落的保护和传承，需要解决的是保护和发展的矛盾，传统村落保护是一项全新工作，面临的问题复杂而又具体，其过程也是充满挑战和未知。在传统村落的保护上，需要坚持底线性原则，牢守底线毫不动摇，明确保护中的"变与不变"。"不变"就是要坚守保护底线，包括保护好村落中的生态环境，这不仅是传统村落保护的自然根基，也蕴含着村落居民对人居环境的朴素选择，还要维持村落原始的格局和空间规划，这是村落居民在长期居住过程中自发形成的，也不能改变原有的村落民居，这是村落中最为突出的一项物质文化遗产，还要维持好村落民俗非遗的原真性和原生性，这类内容扎根于整个传统村落，寄托着人们的乡土情感。

对于传统村落的保护也要讲求"变"，这是实现保护和发展的动力所在，对于传统村落的保护不能一味地强调守旧、古朴，更不能牺牲村民们的权益，而是要满足村落居民对于美好生活的诉求，将现代化研究成果注入到村落的保护实践中，这离不开资金、政策和制度方面的保障。

（三）以人为本原则

长期以来，传统村落的发展很少受到外部环境的影响，基本是以村民为主导。随着城镇化进程的发展，传统村落也面临着一系列变革，其自我组织能力遭到了弱化，以往的内生发展机制受到影响。对于传统村落的保护，需要政府、企业、社会和专家的共同介入，但是外部力量的介入有利也有弊，如果介入过多，很容易适得其反，既会给传统村落带来破坏，也会弱化村落居民的主体地位。需要注意的是，外部力量的介入需要遵循以人为本的原则，关注村落居民的主体地位，注重发挥其内生动力作用。村落居民长期生长在这片土地上，他们创造了传统村落的物质文化遗产和非物质文化遗产，如果失去了村落居民的参与，那么传统村落的保护和传承也就丧失了应有的意义，变成一具空壳。因此，不管是从传统村落的构成要素还是所有权来看，如果失去了村民的参与或者没有关注到村民的权益，那么任何的保护和发展工作也就无法维系。综上所述，在保护进程中，需要关注村落居民的现实需求和发展权益，促进村落的内生式发展。

二、民族地区传统村落保护策略

（一）发挥政府的主导作用

不管是乡村振兴战略的实现，还是传统村落的保护，政府都是主要的职能部门，特别是基层政府，是实际工作的执行者，其地位尤为显著。在民族地区传统村落的保护中，政府直面村落的基本情况，能够掌握辖区内村落的实际情况，因此，关于民族地区传统村落的保护实践，需要履行好政府的职责，发挥出政府的主导作用。

1. 更新村落保护理念

政府作为传统村落保护的主体，要深刻认识到活态文化的重要意义，基于活态文化重振传统村落。传统村落具有一定的稀缺性，这种稀缺性也是保护传统村落的精华所在，根据传统村落的情况，从日常生活、传统习俗、社会结构、饮食特色、语言文字等多方面入手，建立长远的保护机制，避免过度资本化，充分挖掘传统村落文化的价值，将其作为一项珍贵资源。在合理、适度的前提下进行开发，以此来带动村落基础建设的发展，使传统村落文化能够以活态化的形式传承下去。同时，民族地区传统村落居民有着极高的文化价值和社会价值，在保护过程中，需要深挖其中的历史和文化遗迹，将村落居民的生活需求与目前的村落环境相结合，重现民居、古建筑的文化价值，要认识到，保护和利用之间是一个辩证关系，对于传统村落的利用，需要建立在保护的基础上，对于传统村落的环境改善也不能破坏原有的整体风貌，需要结合地理条件做到因地制宜，避免改变以往村落原本和谐共生的环境。

2. 优化人才引进和培育机制

尽管民族地区传统村落生态环境优良，但是绿水青山并不是留住人才的主要吸引力，还需用完善基础设施建设、创新人才培养体系、构建良性社会体系等方式来吸引人才、培养人才、留住人才，从而提升传统村落的保护能力：一是可以发挥专家学者的力量，聘请相关专家指导传统村落保护的各项工作，针对传统村落保护中的问题要及时进行改进；二是引进优秀人才，为人才提供相应的保障，包括安家待遇、福利待遇、工资待遇等；三是更新村党支部书记的理念，村党支部书记是保护传统村落的指导者和操作人，也属于第一责任人，只有他们充分认识到传统村落保护的重要性，才能够真正将这项工作落到实处；四是发挥出村落精英和先贤的榜样效应，培养非物质文化遗产传承人，鼓励本村工匠主动传承文化，建立一种情感纽带，提升传统村落的保护成果。

3. 建立村落居民参与机制

村落居民是村落文化的造就者，也是持有者，因此，在传统村落保护的实践中，必须要尊重村落居民的看法。在保护凉山州昭觉县传统村落的过程中，首先要关注如何改善村落居民的生活条件和生活质量，使之真正能够从村落的保护开发中获益，这样才能够激活出居民的参与热情：一是要建设基层民主机制。如果基层民主的建设比较薄弱，会在很大程度上制约村落居民的参与积极性，因此，需要根据各村落的实际情况建立基层民主机制。二是为社会组织和村民赋权，充分尊重他们的主体地位，对于主动参与的民间团体提供政策上的支持和保障，利用项目支持、资金奖励等方式鼓励越来越多的村落居民参与到传统村落保护工作中，使之能够掌握更多的话语权，以便更好地满足村落居民的发展诉求。三是完善宣传教育渠道。通过宣传和教育提高村落居民参与传统村落保护和传承的积极性，提高他们的归属感，可以充分发挥新媒体的作用，鼓励村落居民通过撰写文章、拍摄视频等方式，将村落展示给更多的群体。政府还可以通过评比、奖励的方式激发出村落居民的参与热情。四是增强村落居民的参与意识，为其提供更多的参与渠道，鼓励村民们出谋划策。在保护工作实践中，需要通过村民大会、调查走访等方式来吸引广大村民的参与，并且要将规划提前公示，提高村落居民的参与感。

4. 建立科学的资金保障机制

首先，可以争取中央的专项补助资金，各级政府在传统村落保护中划拨的资金相对较少，对于传统村落的保护和发展无疑是杯水车薪，难以满足村落发展的现实需求。其次，要引入社会资本，发挥出网络渠道的作用，可以通过多渠道来筹措传统村落保护资金。再次，要抓好环境整治和基础设施的建设，改善线路、拓宽车道、建立停车场、旅游厕所、凉亭等，做好河道治理、改水改厕等工作，进一步改善村容村貌。最后，成立专项资金，通过贴息贷款、以奖代补等方式在延续村落居民生活方式的基础上发展特色产业，开办各类特色店、美食店、特色酒吧等，实现增收致富的良性循环。

5. 鼓励社会力量的共同参与

鼓励社会力量参与到传统村落的保护工作中可大幅提升传统村落的治理水平。社会力量可以扮演建设者、治理者的角色，能够融合文化逻辑和资本逻辑，弥补村落中青年劳动力不足等问题。各类专家学者和社会组织的参与能够挖掘传统村落的文化和经济价值，并且帮助传统村落更好地进行物理空间的规划以及社会空间的重塑，丰富村落的社会力量，使得村落文化变得更加丰富多元。外来游客能够被其中的文化魅力、人文景观所吸引，从而来到村落中居住、养老。另外，政府需要把握好市场资源的配置，在政府支持、村民信任的基础下引入社会资本，要求各方主体都要承担起应有的社会责任，不能只关注眼前利益而破坏村落的人文和生态环境。

（二）探索数字化保护路径

数字经济是在大数据、"互联网+"时代下诞生的，是经济学领域的概念，即借助大数据的识别、选择、过滤、储存，促进资源的优化配置和再生，以助推经济的高质量发展。数字经济的内涵宽泛，从目前来看，凡是能够发挥出数据手段的引导作用，促进生产力发展，都属于数字经济的范畴。从技术层面来看，数字经济的内容有云计算、大数据、区块链、5G通信、人工智能等，在技术角度上，数字经济的代表有新制造、新零售等。在当前"互联网+"时代下，数字技术在各个领域中得到了广泛运用，世界经济也开始朝着数字经济的方向转变，各个国家纷纷将数字经济作为促进经济转型、提升综合竞争力的先导手段，我国也将数字经济作为目前以及后续一段时间的重点发展战略，数字经济在各个国家的发展已经取得了明显效果。关于乡村振兴战略下民族地区传统村落的保护，也要走数字化保护路径。步入了信息时代之后，大数据、云计算等迅速发展，上述技术的发展和推动也就衍生出了数字经济模式，数字经济与传统的农业经济、工业经济有着明显差异，是一种全新的业态形式，让整个社会发生了深刻变革。乡村振兴战略下，民族地区传统村落的数字化保护路径可以从以下几个方向进行：

1. 发挥政府的作用

推行凉山州传统村落的数字化保护路径，将其融入到乡村振兴战略的实施规划中，通过政策扶持来鼓励智慧乡村建设，推动整个乡村社会治理体系的智慧化和现代化：

一是健全扶持政策：传统村落的数字化保护需要大量资金，政府应将其纳入到乡村振兴规划中，构建适合的经济发展政策体系，提供专项资金扶持，对符合条件的服务供给和项目工程予以政策支持、税收减免和政府补贴。完善传统村落的数字化保护帮扶政策，将社会中的民营资本引入乡村，共同助力信息化产品的开发和推广，为数字化保护建设提供有益扶持。

二是促进村落治理的智慧化：要发挥出当前基层综合治理平台的作用，利用手机 APP、服务管理信息系统激活网格细胞，规范数据流转，搭建出实体化的服务管理平台，打造村落社会治理的一张网，将乡村振兴战略的各个要素纳入到网络管理中。结合其他村落的成功经验，在人员密集场所与重点部位安装摄像头，提高监控覆盖率，发挥出信息化设施在服务保障民生、案件侦办、安保维稳方面的作用。

三是加大公共服务的供给：发挥出智慧乡村的建设红利，为广大农民提供高质量的网络供给，使之可通过网络享受到医疗、教育等方面的高质量服务。对此，要建立覆盖县、乡、村的专项网络，对现有的卫生机构进行升级，加快电子病历、电子健康档案的共享共用，借助远程医疗提升卫生服务能力。

同时，吸纳网络教育资源进入村落，解决教育发展不均衡的问题，加大学校信息化建设，助推村落教育信息化改革。促进互联网政务进入村落，对党员信息进行精细化管理，实现乡村政务和党务的集中处理。

四是协调好村民与技术的关系：技术下乡为传统村落的保护带来了积极影响，但也要协调好村民与技术之间的关系。技术的引进要循序渐进，遵循"从简单到复杂""从基础到高级"的原则，让村民能够真正地认可与接受。同时，在引进新技术时，要为村民提供适当的辅导，避免产生抵触情绪，让他们可以及早转化为新型职业农民，提高其抗风险能力。

五是彰显出教育作用：传统村落的数字化保护还需充分发挥出教育的渗透作用，让村民拥有对应的政治、文化、法律知识，潜移默化提升乡村治理水平。具体来看，需加大法律教育，让法律成为约束村民行动的规范准则，当前，多数乡村居民的受教育水平较低，对于数字化保护的认识模糊，应发挥社会法律协会与组织的作用，为村民提供精准的教育，将知法、守法融入到组织活动中，激活村民的公民意识。另外，还要组织村民自治教育，传统村落的数字化保护建设面临的一个重点问题是如何实现广大村民的持续、主动参与，具体需要以乡村居民的实际利益来出发，让他们认识到传统村落的数字化保护是乡村振兴的必然趋势，并主动参与到建设、治理过程中。具体来看，可借助道德讲堂、农民夜校、远程教育等方式来开展，为村民提供关于政治、文化、技术、法律层面的培训，提高他们的综合素养，使之能够适应数字化保护的建设要求，成为数字化保护的参与主体。

2. 加强基础设施建设

随着工业智能、大数据的普及，将会给传统村落数字化保护的实现提供更多的契机，凉山州政府要加强信息化基础设施的建设，统筹区域特点提高设施覆盖率，为这一目标的实现奠定基础：

一是促进传统基础设施的升级：传统村落的基础设施涵盖农产品加工、农田水利、农贸市场等方面，在实现传统村落的数字化保护进程中，要助推基础设施的智能化升级。建设智慧水利，整合各类信息，提高信息采集与分析的智能化水平。设置智能预警体系，例如，可推广基层防汛预警体系，全方位提升防汛水平。构建水土监测系统，利用 App 软件、网络视频监控、无人机智能巡河等技术来解决湖泊生态、河流维护等方面的问题。

二是强化科技创新的成果供给：推行智慧化的农机设施，加大研发力度，提升农业机械的智慧化水平，革新农业科技服务模式，构建科技服务中心，通过技能创新、技能培训等方式实现科技创新的成果供给。持续助推科技成果的转化，建立转化网络服务体系，让农业科技成果可以广泛用于农业生产中，邀请技术人才和专家通过网络直播等方式为农民解决难题。

三是建立全域信息化技术设施：从农业生产、流通、销售到消费的各个环节同步推进，打造闭环，依托产业示范园区来建设示范基地，对农业生产各个环节的指标进行全程监测，促进乡村的智慧流动，邀请快递企业、电商大户入驻示范园区，实现"快递进村全覆盖"。同时，提升农村消费的智慧化水平，推进农村的数字产业化，打造生产、加工、销售、快递的产业链，借助线上、线下结合的方式促进现代化农业的可持续发展。

四是优化停车场管理系统：在传统村落，停车场一直不太完善，要实现对传统村落的数字化保护，需增加停车场场地面积，在停车场入口、出口、附近、场内拐角位置设置传感器、摄像头等，利用 RFID、传感技术以及视频技术完善管理系统，做到对车辆的实时监控、数量统计和监督预警。另外，还要增加分流引导功能，借助传感器、摄像头等将具体车辆数量、交通状况发送至信息屏，管理人员可借助信息屏对车辆进行科学引导，提高停车场的利用率，维持好停车场正常秩序，为外来游客提供便利。

3. 激活特色农业产业潜能

一是发展本地特色智慧产业：在传统的小农经济体系中，生产效率低下，在新时期，要推广特色智慧农业，加速一、二、三产业的融合，发挥出信息化技术的优势，将本地农业研究透彻，统筹考虑到地下水资源、土壤性质等因素，实现精准生产，建立具有竞争力的本地特色智慧产业。

二是发展电子商务：近年来，各地都借助网络直播带货开辟了农产品销售的新渠道，大量滞销农产品搭上直播电商这一快车。为了激活特色农业的产业潜能，还需继续发展电子商务，促进产、销之间的对接，依托农家小卖部、合作社网店、便民服务点等打通电商脉络，完善乡村地区的信息发布、充值缴费、电子结算等生活服务，建立起完善的物流配送体系，优化物流运输成本。

三是发扬传统村落智慧文化：建立传统村落网络文化阵地，加快传统村落网络图书馆的建设，推广"公益电影放映""送戏下乡"等公益活动，在传统村落中弘扬正能量，抵制负面文化、低俗文化，推进"农村文化+旅游"产业的发展，打造品牌，挖掘传统村落优秀的历史文化和农耕文化，共同助推智慧乡村的实现。

4. 补齐传统村落人才短板

在实现乡村振兴战略的进程中，农民是其主体所在。同样地，智慧乡村的建设也需发挥出农民的主体作用。推行智慧农业，可以改变传统的农业生产模式，这种改变需要优质乡村信息化人才作为支持，目前，乡村地区的人才匮乏问题依然比较严重，对此，还需培育优质新型职业农民，吸纳外部人才资源的进入，为传统村落补齐人才短板：

一方面，培育新型职业农民：针对不同层次的农民群体提供针对性的技能培训，使其能够在短时间内适应数字化村落的发展需求。在培训方式上，广泛推行线上培训，通过开发优质微课、线上直播等方式让农民能够接触到最新的技能知识，提高培训覆盖率。例如，可以在村落中成立技术服务团队，建立农业科技服务网络，利用短视频、图片、文字指导等方式为农民解决种养中的技术问题，并在微信朋友圈中转发农业种养的相关指导资料，上传至网络平台，方便广大农民的线上学习。还可以着力推广电商人才培训，结合区域产业特点与电商发展现状，针对创业者、合作社员、基层干部、贫困群体提供精细化培训，建立教育转化机制，为农业现代化变革提供人才支持。

另一方面，建设科技人才下乡制度：由政府主导，发挥科技特派员作用，打造优质的信息化人才队伍，完善科技人才下乡制度。在人才选择上，通过高职院校、行业协会等渠道选择优质的信息化人才，可以与高职院校建立合作沟通机制，促进人才流通，为农民提供农业信息化系统建设、智能化机械使用等方面的指导。还可以在乡村地区建立网络服务中心，农民在遇到困难后，可以在服务中心咨询，也可以享受线上指导，打造科技服务乡村的桥梁。

5. 发挥文化引领作用

文化是一种宝贵的精神财富，在村落的数字化实践中，要发挥出文化的引领作用。在城镇化的冲击下，传统村落的传统文化保护组织越来越少，这对传统文化的保护带来了负面的影响。对此，需为村落提供知识、资金方面的扶持，借鉴其他国家与地区的成功经验，结合传统村落的实际情况和民俗文化资源凝练出符合实际情况的文化传承方式，大力推广民俗文化活动，提升乡村的向心力与凝聚力，并借助文化来助推"德治"工作的开展。积极挖掘乡村的文化产业、文化资源发展机遇，推进民族文化产业的发展和创新，促进民族文化与智慧乡村产业之间的融合。

6. 重视智慧治理数据安全

在数字化村落实践的进程中，要重视智慧治理数据安全。一是要合理采集数据：在应用智能化治理技术时，要保障好用户隐私权，严格设置好数据的采集标准，遵循合法正当的原则，用合法途径来收集数据。二是要精准应用数据：数据治理的最大优势是能够降低智慧乡村的建设和治理成本，为了提升数据收集效率，需合理分工，精准应用收集的数据，最大限度地提升数据的利用率。三是要重视数据保护：当前很多地区已经实现了数据的云处理，在实践进程中，要做好安全防火墙建设工作，将市场监管、工信、网信、卫生、医疗、教育、金融等各个管理部门充分调动起来，保护好云端数据，避免数据泄露。

7. 坚持以人为本治理原则

在传统村落的数字化保护工作中，要避免过于关注 GDP 高速增长与经济快速发展，数字化保护并非简单指收入和效率方面的提升，而是将现代化的信息技术应用在乡村中，打造出"智能化"传统村落。在实践过程中，很容易忽视人文等非技术因素，应关注广大农民的利益与诉求，加强宣传与教育，让农民能够切实认识到传统村落数字化保护工作对自己的益处。同时，还要将技术要素与伦理、文化、社会等非技术要素结合起来，遵循以人为本的建设原则，以此来助推经济、科技的可持续发展。只有兼顾到人文和技术两个方面的因素，才能实现农民致富与乡村经济的发展，让乡村建设能够真正充满"智慧"。

8. 发挥大数据赋能作用

在物联网、云计算、社交网络的发展下，数据衍生的渠道也越来越多。步入大数据时代之后，大数据在各个领域都得到了广泛使用，强大的数据价值给社会发展带来了更多契机。在传统村落的环境污染防治领域中，环保大数据也发挥着不容忽视的重要作用。环境污染防治管理本身涉及诸多数据，包括气象数据、土壤数据、水质数据等，各类型数据都是由不同部门负责，各部门的工作进度各有差异，难以同时完成任务，针对这一问题，要想发挥出环保大数据作用，需要建立对应的数据共享平台，改变以往的工作模式，借助共享平台统一数据的接口和标准，迅速将各类数据集合起来，帮助工作人员发现不足，提升数据处理效果，为后续数据分析奠定基础。同时，还需要构建环保数据库，根据环境污染防治管理工作的需求明确管理机制。大数据在各个领域的应用都需要有明确的制度规范，针对大数据在环境污染防治管理工作中的应用，政府需要发挥主导作用，做好顶层设计，提供制度保障，站在一定的高度来统筹全局，以需求为导向，明确省、市、地、县的具体责任，制定大数据发展方向，整合各部门的环保大数据资源，避免资源浪费，打破数据的孤岛问题。在环保大数据投入使用之后，需要政策、法规和制度的约束和管理。对此，需要更新现有的制度内容，根据环保大数据的特点建立对应制度，组织各部门共同参与，着重从修复建设制度、基础设施保障制度、生态评价制度等多方面来着手，充分发挥环保大数据在环境污染防治管理工作中的价值。

（三）走文旅融合发展路线

1. 彰显村落文化优势

在全球经济一体化的发展下，民族地区也发生了新的变化，传统村落的保护和传承面临着新的危机，在这一背景下，针对传统村落不能简单是为了保护而保护，需要将其融入到"文旅融合""全域旅游"的发展环境中，彰显出第三产业的作用。以凉山州为例，凉山州有很多知名景点，如"悬崖村"，从地理位置来看，悬崖村地理位置优越，处于昭觉、美姑、雷波、金阳交界位置，也是云贵川的交通枢纽，有发展成西南山地旅游的热门景点的潜力。从凉山州传统村落的环境来看，有森林、悬崖、溪流、云海、天坑、峡谷等，并且本土民族文化十分丰富，有马布、月琴、口弦等乐器类，还有各类丰富的传统民俗。对此，可以将凉山州传统村落打造成人文生态博物馆，将延续数千年的历史文化空间活化起来。为了促进文旅融合，首先，要完成村落和民居的改造，针对一些保留价值不大又比较破旧、狭窄的民居，可以拆除重建，对于新建民居，需要凸显出彝族特色，做到大方美观、具有民俗风情。其次，成立旅游合作社，扶持当地传统手工、农副产品商店，大力发展传统手工产品，如织布、擀毡、刺绣等。凉山州有很多农副产品，颇有开发潜力，如藜麦、圆根、核桃、花椒、荞麦、腊肉、香肠、蜂蜜酒等，此类产品能够成为凉山州文旅融合的产品热点。最后，还要大力打造彝族风情的客栈民宿，使传统村落能够在改造下成为旅游度假胜地。

2. 加强文旅人才培养

旅游业是典型的服务行业，文旅融合时代下，尽管人才需求发生了变化，但在育人过程中也要坚持服务性原则。服务行业需要人才脑力和体力的深度结合，一方面要亲力亲为，为游客提供高质量的旅游服务，另一方面还要具备良好的服务技能。当前，文旅融合背景下，对于人才素养的要求越来越高，民族地区需对接文旅融合人才的需求，加强人文素养的培育。文旅融合绝不简单是产业方面的融合，更是彰显文化素养和人文关怀的文旅服务，微观上是要提高服务技能，宏观上是要求提升服务品牌。在人才的培养过程中，需要树立"全球观"，秉承人文主义价值观，坚持人的全面发展，让人才能够担任好文旅融合的服务者，通过科学化、系统化地学习掌握相关专业技能、文化素养，能够将服务做成品牌，为游客提供高质量的旅游服务。在文旅融合背景下，文旅融合人才的人文精神会以多种形式来呈现，并且附加在旅游服务、旅游产品之中。因此，在人力资源的培育上需要把握文旅融合态势，从专业育人、课程体系建设、创新创业等多方面来打造以人文教育为主的人才培育机制，使得人文精神能够贯彻落实到人才培育的全过程，让人才可胜任传统村落文旅融合的发展需求。

另外，还要注重培育人才的创新精神。要真正发挥出文旅融合在传统村落保护中的作用，那么文旅融合就不能只是表面上的融合，其本质是一种业态的创新，因此，在人才培养上，需要注重锻炼其创新精神。例如，全域旅游就是文旅融合背景下的一个新理念，是旅游业态的创新，包含多种融合思维。首先，在人才的培养上，需要为其提供实训课程、观摩交流等形式，并且要开创多元化的教育形式，提高人才的创造性，培育其创新精神，鼓励人才进入企业、走入社会，实实在在感受到文旅融合对于传统村落保护上的推动作用，发现文旅融合中的热点和痛点，并共同探索解决方案。其次，在人才的培养上，需要制定相应的激励措施，组织研究小组、提供竞赛契机，例如，让人才参与旅游宣传口号设计、旅游线路设计、纪念品设计中，既可以加强服务业人才与其他行业人才之间的沟通，形成专业互补，还可以提高服务人才的创新能力，使之具备融会贯通思维，在学习中积累宝贵的经验，共同助力民族地区传统村落的保护。

（四）关注居民养老需求

从乡村振兴的实践进程来看，要保护好传统村落，需要打造美好的乡村生活，尤其要关注村落的老年人群体，为其提供生活方面的保障。民族地区的整体经济发展水平相对较弱，由于大量乡村人口外出务工，导致村落出现大量空巢家庭，空巢老年人数量也在持续增加。以凉山州为例，调查显示，在经济收入方面，凉山州传统村落中老人的月收入主要由养老保险、子女供给、劳动收入组成，收入水平并不高。在生活照料方面，凉山州传统村落老人的养老方式主要为家庭养老，但由于子女外出务工，空巢老人只能自主养老或者与配偶相互扶持，部分丧偶老人在生病卧床后，就缺乏照料，生活不能自理。受传统"养儿防老"思想影响以及经济条件因素的限制，很少有空巢老人选择养老机构去养老。在精神慰藉方面，外出务工的子女很少回家看望老人，平时多是采用电话、微信的方式联系，多数通话时间较短，沟通也是以简单的问候为主，导致空巢老人缺乏关怀，与子女的代沟明显，精神世界比较空虚。

互助养老模式集居家养老和机构养老的优势于一身，能够将老年群体的资源集合起来，在互帮互助的氛围中提高老年人的养老能力，不仅可以形成良好的社会风气，还能够使老年群体力量再社会化，提升老年人的生活质量。互助养老模式需要充分调动起村、社区等资源，发挥政府的主导作用，依托社会扶持，满足老年人对于日常生活照料、情感交流、医疗保健等方面的需求，实现"老有所养""老有所为"。互助养老有两类形式：老年人可以选择在家中养老，也可以与村落中的其他老人抱团养老。互助养老的主体多元，除家庭、朋友、邻居以外，社会组织、政府、社会义工等都可以参与进来，服务内容也比较多元，充分满足了空巢老人在物质、精神层面的养老需求。与其他的养老模式相比，互助养老具有四个显著优势：一是可整合农村的社会资源。在乡村振兴战略背景下，要求充分挖掘民族地区的社会资本，以政府为主导，采用村民自治、村委会管理的方式，将各类分散的养老资源相整合。二是提高农村人力资源利用率。互助养老可以发挥出传统村落低龄健康老人、留守妇女等人力资源的价值，由此类群体为空巢老人提供照料，还可以发挥乡村学校资源作用，组织中小学生定期去慰问空巢老人，弘扬尊老爱幼的文化传统。三是与农村养老传统相契合。民族地区传统村落空巢老人普遍存在"落叶归根""安土重迁""养儿防老"的思想，他们习惯生活在这片土地上，因此，更加青睐于家庭养老模式。互助养老让空巢老人能够就地养老、抱团取暖，有效满足了空巢老人的养老意愿。四是为乡村发展提供新活力。在乡村振兴战略的实施背景下，养老一直都是备受关注的难点问题，发展乡村养老事业是助力乡村振兴的关键，互助养老具有高成效、低成本的特点，可弥补传统家庭养老的不足，也为乡村发展增加了新的活力。互助养老盘活了传统村落的各项闲置资源，改善了落后的村容村貌，互助养老将家庭、村委会、社会、政府力量集合起来，增强了村集体的凝聚力，在村落内部营造互助氛围，也有效分担了老人子女的经济压力和养老压力，让外出务工子女可以安心工作。

（1）培育互助养老意识

民族地区传统村落老年人是互助养老的主体，其参与意愿十分重要，因此，需要引导老年人自身打破传统思维的禁锢，通过正确的引导使老年人认识到"养儿防老"并非唯一选择。随着我国年龄结构的改变，老年人也要主动选择其他养老模式，提高自身幸福感，多与基层组织沟通，表达需求，提出养老建议。就凉山州传统村落的实际情况来看，很多空巢老人都将养老看做家庭义务，子女也碍于情面不愿意让老人参与互助养老。因此，基层组织需做好宣传工作，扭转空巢老人与子女的传统思想，激活老人的参与积极性，具体可通过宣传小组来入户讲解，引导空巢老人改变落后观念，使之对互助养老有更为深刻的理解。此外，还可以在乡村地区借助广播、宣传栏的方式来讲解，让更多的空巢老人都能够自愿参与到互助养老中，起到正面示范作用。

（2）动员社会力量参与

传统村落的养老问题不仅关乎村落保护工作的质量，还会直接影响社会运转，要发展互助养老，还需更多多元的社会力量的参与。具体来看，应当邀请非营利组织、企事业单位、志愿者团队的加入，共同为互助养老发力。

首先，非营利组织可与乡村共建互助养老服务站，利用各类公益活动为乡村互助养老筹措物资，共同助力基础设施的建设，有效减小村集体、政府部门的压力。其次，企事业单位要肩负起自身的社会责任，借助各类资源为传统村落空巢老人提供养老服务，例如：各个医疗卫生事业单位可以定期组织爱心下乡活动，为空巢老人提供义诊、保健知识讲座等；生产老年用品的企业可以定期捐赠老年用品，既能够为空巢老人提供帮扶，也可帮助达到宣传作用，实现互惠共赢；新闻媒体可以刊登公益广告，提高整个社会的关注度，在全社会营造出敬老、尊老的氛围。最后，要持续壮大志愿者队伍，动员社会各方力量共同进入，在乡村内营造团结互助的友好氛围，鼓励村民主动参与敬老志愿者服务。村委会要争取志愿者协会、社会公益组织的支持，邀请上述组织定期组织关爱空巢老人活动，村委会还要加强与高职院校、医疗机构的联系，招募医疗、护理专业志愿者为空巢老人提供服务。

（3）优化互助养老机构功能

乡村振兴战略的实施为传统村落的保护和发展带来了更多的人才与资金，也为乡村互助养老机构的发展、壮大带来了更多可能。针对互助养老机构，要建立健康、长远的运行机制，切实保障空巢老人的权益，提升互助养老机构的服务水平。具体来看，要明确互助养老机构人员的具体责任，明确指定管理层、运营层、服务层、后勤部门以及意见中心，由传统村落老人共同民主选举出具有威信的管理者，建立适合的激励机制，精准统计出参与互助养老空巢老人的信息资料，由专门的后勤人员负责空巢老人的生活安排，保证其生活质量。另外，还需设置专门的意见中心，收集空巢老人的意见与建议，综合各类意见和建议不断改善互助养老机构的服务能力。

同时，还要持续丰富互助养老机构的内容。大多数互助养老机构提供的服务主要以生活照料为主，精神慰藉、医疗方面的服务较少，机构内部的基础设施仅有简单的床位和医疗器械，还未能达到"老有所养"的目标。因此，在下一阶段，还需丰富互助养老机构内容和服务形式，例如，为子女长期不在身边的老人提供亲情连线服务。定期组织文娱活动，丰富空巢老人的精神世界，降低他们对子女的依赖。增加符合空巢老人需求的各类医疗设备，为老人提供健康检查等服务，以达成"老有所依、老有所为、老有所乐"的目标。为了提升互助养老机构的服务质量，还需对机构人员提供系统、专门的培训，使之全面了解机构运行模式，提高他们的生活照料能力、组织协调能力、社会交往能力，使之在服务过程中能够与空巢老人建立沟通，了解老人的身心需求和心理状态。在培训上，还要将医疗护理服务作为重点内容，引入专业化的护理人员，提高空巢老人群体的健康水平。必要情况下，还可与医疗机构建立长期、稳定的合作关系，邀请专业医护人员进入互助机构，为机构人员提供专业化的指导，以此来提升互助机构的医疗服务水平。

（4）推行灵活的互助养老模式

灵活化的互助养老模式与集中式互助养老不同，颇具发展潜力。根据民族地区传统村落的情况，可以推行两种互助养老模式：一是全时参与模式。选择全时互助养老的空巢老人可以享受到饮食活动、精神娱乐、家政服务等多方面的互助。按照国际现行标准，可以根据空巢老人的身体情况将其划分为健康组、轻度失能组、中度失能组以及重度失能组。在饮食服务方面，根据不同老年人群体的需求为其制定餐食。在精神娱乐方面，统计各个组别老年人的兴趣和需求，首先为重度失能组安排活动，其次考虑中度和轻度失能组，最后为健康组提供文娱活动。在家政服务方面，由健康组、轻度失能组帮助其他组别完成室内走动或者简单的医疗服务。相较而言，重度失能组缴纳的费用可能要高于其他组别，但重度失能组老人的子女可定期抽出空闲时间，为其他空巢老人提供家政服务，服务时长可抵扣老人的费用支出。二是闲时参与模式。闲时参与模式适合身体状况较好的空巢老人，具体可以借鉴"时间银行"的积分方式，根据其参与服务的时间获取积分，相应的积分可以兑换餐食或其他的养老服务。

（五）凸显高职院校帮扶作用

高职院校服务乡村振兴，是国家为高职院校赋予的一项重要任务，也是促进高职院校自身发展的有效措施。

1. 积极作为，助力乡村振兴

为了实现与乡村振兴之间的精准对接，高职院校需要从战略层面出发，明确自身在乡村振兴、传统村落保护中的使命，认识到高职教育和乡村振兴之间的联系，坚持意识、实践之间的统一，将乡村振兴战略落到实处。要达成这一思想高度，高职院校需深刻认识到服务乡村振兴不仅能够为乡村做贡献，对于学校的发展也非常有益。在党中央的宣传下，各个高职院校已经认识到服务乡村振兴的迫切性，但是，由于长期以来办学活动与乡村之间是脱离的，教师对于乡村的真实情况并不了解，部分教师担心在服务乡村振兴过程中做不好，从而在实践中不够积极主动，只是被动地听从上层指令，这种观念并不可取。高职院校教师要从发展眼光来看待学校育人和乡村振兴的关系，理清教学思路，同时，克服恐慌、担忧的心理，学校领导要主动转变服务观念，带领全体师生勇于尝试、接受挑战，在挫折中不断前进。

2. 建立服务传统村落保护的运行机制

要服务乡村振兴，保护好传统村落，还要建立相关的运行机制，从导向机制、激励机制、考核机制上来落实，构建完善的管理机制。例如，可以在学校内部成立专门为乡村振兴服务的管理机构，机构下设不同部门，分别承担相应的任务，各个部门各司其职，将责任落实到个人，让服务工作更具实效性。要帮助师生消除后顾之忧，加大资源、经费、人脉信息等方面的支持，让教师有信心、有依托、有保障，对于主动服务乡村振兴、传统村落保护的教师，在职务晋升、工资待遇等方面予以奖励，鼓励更多的教师通过兼职兼薪、离岗创业等方式为乡村振兴做贡献。对于在校学生，要为他们解读乡村振兴相关优惠政策，通过实践和理论讲述的方式，让学生能够切实了解到真实的乡村情况，吸引更多大学生扎根传统村落、服务三农，为乡村振兴努力做贡献。

3. 革新育人，提升学生能力

（1）坚持以农为本

高职院校是服务乡村振兴战略的中坚力量，也是保护传统村落的重要依托，在服务乡村振兴的进程中，高职院校要坚持"以农为本"，通过理论和实践之间的融合，让更多的农业科技成果能够切实成为生产力，发挥出学校在社会服务、科技创新和优质人才培养上的优势。对此，高职院校需要了解地区农业发展情况，以传统村落需求作为切入点，对乡村需求做出科学定位，立足于区域经济的发展，基于产业振兴和乡村振兴的需求来培育复合型的优质人才。

（2）创新育人模式

第一，为乡村振兴、传统村落保护提供基础性人才：高职院校要从自身着手，培育出一支爱农村、懂农业、爱农民的优质大学生人才队伍，在教学中，要加强基础教育，根据人才培育目标来安排课程，强化学业指导力度，让学生能够深入了解本专业的就业前景，提前带领学生开展职业规划，提高他们的创新能力和思维能力。在学校内部，成立"学业指导工作组"，从大一新生入学开始就要强化入学教育，及时跟踪学生的思想动向，提供就业指导课程，根据各个专业的优势特点来打造服务产业振兴、乡村振兴、传统村落保护的精品课程，提高学生参与兴趣，弥补专业教学的不足。乡村振兴具有很强的实践性，在传统的高职教育中，理论课程的比例要远多于实践，尽管在大力实施"产教融合"，但学生参与实践的机会并不多，对此，要合理控制理论和实践的比例，吸纳农村企业的进驻，深化校企合作，在实践过程中来强化学生服务乡村振兴的意识。第二，培育乡村振兴高层次人才：服务乡村振兴、保护传统村落的高层次人才包括学术性人才和专业性人才，针对高职院校的实际情况，高层次人才的培育主要定位于专业性人才，可以根据乡村振兴战略目标和实践经验来编写校本教材，让学生能够在理论和实践的学习中具备分析、解决实际问题的能力。对于学有余力的学生，鼓励其成立乡村振兴研究团队，围绕传统村落发展的产业布局、基层治理、战略规划、生态建设等方面开展专题研究，鼓励学生深入村落、接近农民、参与产业振兴，为乡村振兴的实现提供更加多层次的人才支持。

（3）培育新型农业经营主体

高职院校需建立专门的组织机构，处理相关事宜，除了要培养学生的各项能力以外，高职院校还要主动开展乡村振兴基层人才的培育，为新型职业农民、新型农业经营主体和从事相关工作的基层干部提供培训。在具体培训活动中，需建立人才联系网，由企业、学校、政府共同联合，为此类人才提供实践基地，抓好专题培训，采用"宽进严出"的策略，不仅要抓好培训，也要重视考核，建立有效的考核与评价体系。在培训完毕后，高职院校还要请专人来进行调查和回访，切实解决在生产和管理中遇到的各类问题，并为他们提供线上培训，开设专门的线上课程，全方位为乡村振兴提供人才依托。

（4）优化专业结构

高职院校要主动顺应社会变革的浪潮，对原有的专业结构进行调整和升级，完善专业设计，对接产业振兴和乡村振兴，优化课程体系。例如，在乡村振兴战略的实现中，对于"文旅融合""互联网+""休闲农业""乡村旅游"等人才的需求量较大，对此，高职院校可以从这一角度出发，瞄准未来乡村振兴、传统村落保护的客观需求，强化学科之间的交叉融合，进一步修订人才培养方案，抓住乡村振兴战略机遇，对传统农业进行升级和改造，满足乡村振兴在新时期提出的各项诉求。

4. 整合资源，建立产业联盟

高职院校联盟是指两个或者两个以上的高职院校基于共同价值取向和战略目标，按照特定方式来组建的风险共担、优势互补和资源流动的合作共同体。对于高职院校而言，与其他兄弟院校之间的合作不单局限在科学研究和人才培养上，还可以延伸至社会服务方面。对此，可以以乡村振兴战略为契机，整合高职院校的资金、人才和技术资源，着力打造产业振兴联盟。基于资源共享、合力服务、优势互补的原则来成立合作联盟。当前，各类型高职院校已经开始尝试建立联盟，取得了良好效果，尤其是在有明显行业特色的高职院校之间，比如，农林类、药科类高职院校的联合，能够弥补某方在弱势学科上的不足，更好地为农村产业振兴的开展提供服务。通过合作，能够提升乡村振兴中的要素生产率与资源利用率，并且有助于提升乡村产业的抗风险能力和核心竞争力。从长远来看，建立高职院校联盟顺应了高职院校服务乡村振兴战略、保护传统村落的要求，也开辟了全新的协同创新路径。

5. 深化合作，吸引企业参与

服务乡村振兴、保护传统村落，离不开校企合作。尽管各高职院校在校企合作的开展上如火如荼，但企业、高职院校的利益诉求不同，在双方合作过程中，如果找不到利益联结点，那么，合作成效会大打折扣。对于高职院校，其渴望通过企业的各类优势资源来培育人才，而企业则希望吸纳优质人才，切实创造生产效益，两者的诉求是不同的。为了深化校企合作，需要寻找到双方的利益联结点，由高职院校为乡村企业提供经营管理、生产技术上的帮扶，帮助企业摆脱技术困境、人才困境等。企业通过与高职院校的合作，能够切实为自己带来收益，将松散的合作关系转化为紧密利益型关系。对于优质企业，高职院校还可通过股份合作等方式，将农产品加工、销售活动与学校紧密联合起来，由高职院校提供人才、科研、技术支持，企业和学校按照比例来分红，实现真正的利益共享、风险共担。在合作进程中，还要建立产权明晰的合作机制，界定好学校和企业双方的责任和义务，明确各方财产的实际占有权，以科学的约束机制和激励机制，让校企双方都能够在合作中获取收益，实现互惠共赢。

6. 强化资源建设，提供支持保障

一方面，重视高职院校农林师资队伍的建设。除了加强对校内教师的培育之外，还要吸引企业专家、大学生村官、乡村种植能手等到高职院校中兼职任教，打造出涵盖实用人才、产业带头人、农村科技人才、农村技术人才于一体的兼职教师资源库，拓宽师资队伍的来源。对于现有教师的培育，需要制定优质的培育制度，选派一线教师到企业实训基地、对口单位中参与学习和锻炼，提升教师的专业化教学水平。制定完善的考核机制，对教师的理论教学实践能力和学习情况定期考核，对于考核成绩优异者，在评先和评优上予以一定倾斜，充分调动起教师的专业发展积极性。面向全体教师，组织农林传统文化培训，定期举办农业文化遗产保护、农业传统文化讲座、农林文化培育创意活动等，提升教师对农林文化的了解度。鼓励教师主动参与到农林文化的创新中，鼓励教师与行业、企业之间合作，进入区域乡村，开展农耕文化调研，共同打造具有影响力的农林类产品品牌，推进农林产业与生态、文化、旅游、科技之间的结合。例如，可由教师带领学生参与"村容美化""乡村规划"等工作，参与到乡村农林园区的建设与规划，结合当地农村的传统文化来编演农俗节目，丰富农民的精神家园，促进农林文化的传播。

另一方面，还要建立模范引领机制，强化教师的师德建设。所谓"育人必先兴学，强教必先强师"，高职院校要重视对教师思想道德的培育，要求其恪守职业道德，从教师的思想根源抓起，加强理想信念教育，将师德建设与我国优秀的传统文化结合，让广大教师能够主动提高思想觉悟，树立正确的世界观、人生观和价值观。在校内，定期组织师德评比活动，宣传优秀事迹，发挥出榜样的力量，在校内营造出"你争我赶"的良好学习氛围，对于教师的师德师风，可以将其记录在档案中，与职位晋升、个人职称评审挂钩，为教师提供平等的交流平台。利用"互联网+"教育，鼓励职业院校教师与其他兄弟院校教师开展合作和交流，既实现了优质教育资源的共享，也能够显著提升教师的任教水平。

7. 优化课程内容，达成精准教学

教育部于2011年8月30日印发的《教育部关于推进中等和高等职业教育协调发展的指导意见》中提出，现代职业教育要以经济社会发展需求为依据，要与经济社会实现"五个对接"，即"专业与产业对接、课程内容与职业标准对接、教学过程与生产过程对接、学历证书与职业资格证书对接、职业教育与终身学习对接"。职业教育本身有着实用性、职业性的特点，其重点任务就是培育技能型人才，因此，在课程体系的设置上，要直接对接乡村振兴要求，引入职业标准。课程内容的设置要具有前瞻性，充分考虑到乡村振兴对于各类人才岗位的需求，明确职业标准、课程内容之间的关系，以促进职业岗位和高职教育内容的无缝衔接。高职院校要树立多元化的育人目标，对人才培养计划进行更新与升级，打造出"三位一体"的育人模式。

一是促进专业供给侧改革。高职院校要打造出服务乡村振兴的育人新格局，需促进各类资源的整合，打破专业壁垒与学科边界，走融合化发展道路，根据产业的发展前沿来科学布局休闲农业、智慧农业以及森林康养等新产业，优化专业设计。立足于交叉学科，借助生物技术、信息技术来改造传统的专业设置，提高专业存量，实施课程改革创新行动，建立优秀的农林类课程，让"教材精起来""理念新起来""效果实起来"。课程建设需尊重学生的主体地位，将供给式教学转化为需求式教学，根据农林产业的典型案例、学科前沿来开发优质课程，保证课程设置具有挑战性和高阶性。

二是课程目标的建设需要立足传统村落需求。相关教师要深入传统村落，了解当地乡村振兴的实际要求。在课程目标的设置上，必须要考虑到农民、农村经济、产业发展以及高职院校的实际情况，对原有的课程进行全面评价，及时修订课程目标，利用调研来获取翔实数据，分析不同区域农村劳动力的供需情况，与行业、企业和政府之间开展深度交流，组成教研共同体，共同开发优质的课程资源。在课程结构上，要做到均衡自主，利用有序的职业教育课程体系来促进学生的全面发展，具体需要协调好专业课、必修课、选修课之间的关系，构建以知识为基础、职业能力为核心的主线课程体系，以国家课程作为蓝本，凸显区域特色，自主开发校本课程，实现学生的优化发展。

三是实施课程改革创新行动。农林类高职院校课程改革的关键是建设一批集先进教学手段、教学理念于一体的一流课程。对此，要做好农林类实践基地的建设，让教育活动走出课堂、走出校园，走入农村、走入林地，通过与技术实验站、涉农企业之间的合作，打造校企合作育人基地，让农林高职院校的教育活动可以面貌一新。

8. 加强产教融合，实现协同育人

乡村振兴战略的实现需要促进三产融合，对此，要大力发展传统村落的特色产业，培育乡村车间、手工作坊和家庭农场，为乡村地区提供更多的就业岗位。不管是为提升学生的实践能力，还是采用职业教育的形式为乡村输出产业人才，都需要产教融合平台的支持，因此，在服务乡村振兴的进程中，需要加强产教融合，实现协同育人。对企业而言，参与乡村振兴，开展产教融合，能够帮助自身拓展技术领域，缩短产品开发周期，分担研发风险，对此，高职院校要通过具有吸引力的合作政策鼓励企业参与到人才的培育、考核和就业全过程。在人才的培养上，共建实践基地，让学生能够参与到企业的生产、营销全过程，形成学校教师与企业专家共同参与的教育局面。在课程的安排上，企业也要发挥出主体作用，为高职院校人才目标的制定提供最新的市场需求信息，积极参与人才考核标准的制定，切实提升农林人才的培育质量。

在产教融合的过程中，还需发挥出行业协会作用。行业协会是由企业家、各类专家以及社会人员组成的独立社会组织，在产教融合的过程中，行业协会也起着纽带作用，是连接校、政、企之间的中介组织。行业协会要助力行业规范和标准的建设，倒逼高职院校完善人才培育制度，为企业、行业输送更优质的技能型人才。借助行业协会的技术标准，为高职院校的教育活动明确了方向，并且将政府、高职院校、产业之间紧紧地连接起来，拓展了企业的招聘范围，为农民提供了更多的就业岗位。

政府要发挥协调与保障作用，高职院校隶属于地方，是为地方的区域经济发展而服务。因此，教育行政部门在针对农林类高职院校的评估与考核上，要考虑到此类学校的特殊情况，改变一刀切式的评估模式，科学界定考核标准，针对农林类高职院校的评估，不仅要关注人才培育与办学质量的评估，还要将农林类高职院校服务乡村振兴的贡献度作为考核内容，增加关于"三下乡""科技服务农村"等项目类型的考核，引导高职院校关注三农发展，将服务乡村振兴作为高职院校发展的重点目标。政府也要制定对应的激励政策，建立高职院校服务乡村振兴的激励机制，促进更多人才流向农村。长期以来，大学生进入农村的比例并不高，不少大学生不清楚国家出台的优惠政策，还有一些学生担心后续的政策落实，为了支持更多的毕业生进入农村，需提供返乡就业创业优惠政策，将政策落到实处，为进入乡村的大学生提供技术、信息、资金等方面的支持，让更多的优秀大学生愿意进入农村、扎根农村。

在高职院校人才的培育上，需要基于乡村振兴战略作为重要任务，引导大学生扎根传统村落，为乡村振兴贡献力量，但是，要真正地吸引人才、留住人才，单一依靠高职院校的努力还不够，必须要发挥出社会合力。长期以来，在城乡二元制的结构模式中，传统村落对于人才的吸引力并不大，对此，要探索人才管理机制，加大引导力度，除了为返乡创业大学生提供政策、资金支持之外，还可以通过返还学费、免费资农生等方式，吸引更多的学生服务传统村落。另外，还要创新现有的分配机制，打造出"城乡同酬"的劳动力市场，对于在乡村就业的大学生，可适度增加薪酬，缓解学生的生活压力。要在保障制度上着手，建立起公平的社会保障制度，通过社会保障来吸引人才，建立专门的人才发展基金，针对在乡村振兴中做出突出贡献的优质人才，提供各种奖励，以此来激活人才主动参与的兴趣。

9. 培育三农意识，提高服务能力

高职院校要将"立德树人"作为核心，在服务乡村振兴的过程中，坚持"三农"办学宗旨，做到全员融入、全过程融入、全方位融入。高职院校要加强与社会组织、企业、行业之间的合作，充分借助各类社会资源，发挥"课程思政"教学作用，促进理论、实践之间的结合，激发大学生"助农"思想。在学校教育上，要引导学生正确认识到"三农"规律，分析"三农"

发展趋势，建立农业技术成果转化、乡村产业优化升级、产品推广机制，促进地方经济的发展，借鉴"曲周模式""湖州模式"等新型科技服务方法，建立特色扶贫模式。另外，加大校内的政策宣传，通过"学者进高职院校""聘请专家"等方式弘扬三农精神，提高大学生"强农兴农"的信心，让学生了解所学专业的现状和发展趋势，引导大学生树立使命感。通过多层次、多角度的三农教育洗礼，鼓励更多大学生扎根传统村落、服务传统村落，使学生在服务三农的过程中实现自己的人生抱负。

（六）关注乡村生态文明教育

为了保护传统村落，还需做好生态文明教育工作。乡村振兴战略涉及产业兴旺、生态宜居、乡风文明、治理有效、生活富裕等方面，其中，产业兴旺要求建立现代化的农业产业体系，促进第一产业、第二产业和第三产业之间的深度融合；生态宜居则需要从空间格局、生产与生活方式以及产业结构上进行优化调整；乡风文明则要求促进乡村文化特色和城市现代文化之间的整合；治理有效需要建立起完善的乡村治理体系；生活富裕需要提高农民的收入，补齐发展短板，让农民也能够享受到发展的红利。但是在现实生活中，很多乡村在开展生态文明教育活动时只是教条式地来传达相关政策，缺乏细腻的渗透。在教育手段上，长期以来，城乡之间的教育、医疗发展并不平衡，乡村的教育竞争力整体比较弱。在凉山地区，由于缺乏教育场地，农户们主要通过村里广场的大喇叭、广播接受乡村生态文明教育，无法形成良好、集中的教育氛围。

求治之道，莫先于正风俗，良好的乡风关乎民生福祉、发展大局，也关系着传统村落的保护工作质量。党的十九届四中全会明确要求坚持和完善中国特色社会主义制度、推进国家治理体系和治理能力现代化。2017 年，中央农村工作会议进一步重申了健全自治、法治、德治"三治并举"的乡村治理体系。"三治并举"是乡村生态文明教育实现的重要途径。与城市相比，乡村基层组织人员和农民群众的文化素质较低，知识结构也参差不齐，这与农村地区的文化环境、教育环境有着密切关系，尽管各个乡村开始推广法律教育，但是成果并不好，在法律内容与自身利益出现冲突时，他们更加关注于自身的利益，导致乡村普法教育工作一直没有能够取得理想的成果。比起法治意识，在传统的乡村之中德治更具影响力，村民们普遍会主动接受风俗习惯、相关民约的束缚。因此，在乡村生态文明教育过程中也要更多地发挥出德治作用，做到"三治并举"。首先，以自治为本，提高乡村的治理运行能效；其次，以法治为要，使得法治能够逐步在农村地区生根发芽；最后，要以德治为基本，使得生态文明教育工作能够融入广大农民的日常生活。在生态文明教育内容上也要做到"三贴近"，即贴近农民、贴近农村和贴近农业，鼓励农民改变不良风气，实现育、引、化之间的结合，提高生态文明素养教育质量，发挥出制度的约束作用，使得现代城市文化和乡村文化特色之间能够得到深度融合。

从本质来看，乡村的生态文明教育是关乎生态公平的，教育也是乡村地区的重要素质教育内容，探索适合乡村的生态文明教育新路径和新方法，是实现乡村振兴战略的一个重要举措。如今，城乡之间的发展还是不均衡，这在短期之内是很难扭转的，在当前的教育体系下，乡村生态文明教育在教育组织和系统规划上都存在未能解决的问题，为了发挥出乡村生态文明教育在传统村落保护上的作用，需要继续优化教育内容，将关于乡村生态文明、传统村落保护的相关内容融入到教育体系中，使得中小学生、大学生对此有深入理解，主动成为保护传统村落的一员。同时，做好教师的培育工作，提升教师育人能力，形成教育合力，利用教育工作为传统村落的保护来赋能。

三、民族地区传统村落发展策略

（一）挖掘村落养老价值

传统村落的自然条件优美、人文景观丰富，是理想的宜居地。传统村落从古到今都有着不可替代的价值，包括经济价值、政治价值和生态价值。传统村落居民和谐相处的模式已经成为当前的稀缺资源。发展传统村落养老，能够让老年人获得在城市中难以享受到的生态资源和精神享受。另外，传统村落中朴实、善良的民俗风气也是当前老年人养老生活的需求，在实施乡村振兴战略的背景下，挖掘传统村落的养老价值具有重要意义。

村落式养老是一种新型养老方式，其本质类似于老年度假旅游，是老年游客通过旅游方式发生的，集休闲度假、养生养老于一体的综合性活动。简言之，村落式养老就是发生在村落的养老活动，通过对村落的合理规划，为老年人提供医疗护理、休闲娱乐、修禅养心、生态养生、康疗度假等支持，用古朴、自然的村落替代养老公寓，使老年人能够在村落中共享、交往和乐居。村落式养老与传统养老模式相比，更加关注村落氛围的营造，也就是说，要为老年人营造一种熟人社会系统，使他们能够真正融入到乡村之中。发展村落式养老，既能够兼顾到环境保护和旅游发展的要求，还能够有效分流城市的养老压力。

村落式养老的特点包括：

一是宜人的环境：村落式养老的最大特点就是有美丽的田园风光和宜人

的居住环境，与城市环境相比，传统村落的环境优美、空气良好、山清水秀，老年人在这样的环境中养老，有助于其养生保健和修身养性。因此，要发展村落式养老，需要保护好当地的生态环境，借助乡村的环境基础来打造一种宜人的田园风光，在人文环境方面，也要保留好当地悠久的历史文化，塑造出尊重、包容、休闲的村落生活氛围。

二是生活简单质朴：老年人的身体机能开始慢慢下降，对于选择异地养老的老年人而言，他们希望能够享受简朴、便利的生活。与城市相比，乡村的生活节奏较慢，可以通过完善配套设施的建设，为老年人提供食宿、休闲娱乐、医疗服务等，让选择村落式养老的老年人享受到幸福、简单的乡村生活。

三是丰富的田园生活：基于老年社会学活动理论，利用多种方式为老年人提供一种良好的日常生活氛围，能够有效减轻他们因社会活跃度下降出现的情绪低落。很多老年人在退休之后生活比较单调，而村落式养老为老年人提供了全新的养老方式，能够丰富他们的日常生活。因此，在村落式养老的设计上，可以为老年人提供一些简单的农业生产或者休闲娱乐活动。

1. 发展村落式养老的具体要求

一是适应老年人身心特点。在设计活动时，需要充分考虑到老年人的喜爱、偏好和身心特点，挖掘当地的文化特色和资源要素。比如，由于老年人的体能下降，他们更加青睐于节省体力、安全系数较高的简单活动，因此，在开发活动时，需要避免给老年人的身体带来压力。另外，大多数城市老年人文化水平相对较高，他们对于学习和文娱的需求也较高，因此，在推行村落式养老的过程中，休闲文化、娱乐活动也是需要关注的重点。

二是保障安全系数。安全性是老年人在选择养老方式的一项基本要求，只有保障老年人的安全，才能让他们放心养老。随着年龄的增长，老年人的身体状况也在不断下滑，在发展村落养老时，需要充分考虑到老年人的身心特点，通过科学的设计来保障其养老安全性。安全性设计需要考虑到多方面，如厨房少用明火，可以使用电磁炉来代替明火，还可以在房间内设计紧急救助系统等，如果老年人需要，能够及时地获取到帮助。

三是无障碍性。在我国医疗水平和人们生活质量的提升下，老年人身体状况得到了明显改善，但出于周全考虑，在发展村落式养老时，需根据老年人的身心特点为其设置一些无障碍通道或者生活设施。比如，在有坡度的路面上，需要尽可能避免台阶，可以修建一些缓坡；在卫生间、走廊等区域，可以设置安全扶手，以及一些残疾人专用设施，这种设计方式能够最大限度减少老年人生活方面的困难，使之能够独立生活。

四是可识别性。老年人的记忆力和视力都在下降，为了提高养老地的可识别性，在规划时需要尽可能简化布置，增加一些指示牌，突出建筑的外形特点和标志，方便老年人定位。

五是宜交往性。大多数老年人在退休之后，其交际生活的频率和范围都会减小，但是退休老年人对于社会交往还是有较高要求的，在发展村落式养老的过程中，需要为老年人留出一些交流、娱乐场所，扩大他们的交际圈，提高其存在感和生活的参与感，使老年人能够过上惬意的老年生活。

2. 发展村落式养老的辐射效应

养老问题是当前我国需要应对的一个严峻社会问题，在养老方面，既要考虑"养"，更要考虑如何养老。养老的方式多种多样，而村落式养老既能够满足部分老年人的养老需求，还可以起到一定的辐射效应。

第一，对城市的影响。如今，我国正处在人口大周期的关键时期，呈现老龄化趋势，构建完善的养老服务体系十分重要。与发达国家相比，我国养老服务体系还处于初级发展阶段，整体缺乏统筹规划，城乡之间的发展不平衡，政府和民间资本的投入都比较有限。首先，发展村落式养老，既能够缓解城市的交通压力也能够带动周边人群的逆流动，缓解城市节假日、周末的道路拥堵压力。其次，发展村落式养老可以缓解城市医疗压力。在城市中，出行难、看病难是困扰人们的两大难题，传统村落有着特殊的社会结构和生态环境，其气候条件更加优良，极大地满足了老年人的身体健康需求，良好的环境降低了老年人疾病的发生率，身体状况好转之后，老年人不需要花费过多的资金和精力来看病，传统村落的基本医疗也能够满足其日常保健需求，这也在一定程度上缓解了老龄化带来的医疗压力问题。最后，发展村落式养老可以帮助城市解决养老难题。从城市居民的养老需求来看，当前，大多数老年人的精神赡养未能得到充分满足，由于子女工作繁忙，对老年人的关心不够，在进入老年后，老年人更加关注精神享受和幸福感受，通过村落式养老，能够有效解决城市养老机构一床难求的问题，并且这种开放的养老环境极大地缓解了老年人的心理压力。在村落中，老年人可与同龄人一起交流、娱乐、学习，也进一步缓解了子女的赡养压力。

第二，对村落的影响。一是提高闲置宅基地的利用率：在城市化进程的发展下，农村的闲置宅基地越来越多，而现行的法律体系对于农村宅基地的流转有严格限制。随着大量农村居民转移到城市，导致宅基地闲置问题越来越普遍，发展村落式养老，让当地居民能够将自有房屋出租，把已被废弃的宅基地利用起来。无论是老年人自行租住，还是机构统一租住，都会对房屋进行一定修缮，使整个村落的村容村貌能够变得更好。二是使村落展现出新的气象：当前，"空心村"的问题越来越严重，成为传统村落的一个重要标签。城市老年人普遍有良好的生活习惯，这些习惯也能够潜移默化地影响村落居民。此外，一些城市老年人在退休前有一定的专长，退休之后能够在自己熟悉的领域中发光发热，使得村落中呈现出良好的气象。

3. 发展村落式养老的具体策略

民族地区传统村落发展村落式养老的优势条件主要在三个方面：一是生态环境较好，能够为村落式养老提供环境支持，良好的自然环境能够让老年人身心愉悦；二是农业旅游资源丰富，凉山州农业观光旅游资源十分丰富，近年来，在国家的大力扶持下，各类产业特色鲜明，为农业休闲旅游带来了丰富资源；三是文化源远流长，传统村落的历史悠久、环境优美、文化底蕴深厚，其整体的民风善良淳朴、积极向上，在发展村落式养老方面具有突出优势。

进入了 21 世纪之后，大部分民族地区传统村落大力发展农家乐式乡村旅游，鼓励村民经营农家乐，一些交通区位条件较好的村落的农家乐已经慢慢发展起来，前往旅游的游客也越来越多，有的村民看到了乡村旅游的市场。但村落式养老尚处于萌芽阶段，缺少外部资本和社会力量的介入，开发水平较低，传统村落的优势资源也没有得到充分的利用，无论是资源优势还是生态优势都未凸显出来，在今后，要更好地发展村落式养老事业，就需要明确定位，制定合适的发展对策。

第一，彰显设计原则。关于民族地区村落式养老事业的发展需要遵循几个原则：首先，要突出特色，做好村落式养老事业必须要挖掘出各种资源条件，进行特色开发；其次，要面向市场，面向市场是发展村落式养老事业的一个重要原则，这会直接影响这一产业的销售和开发效益，对此，需要对周边的养老市场进行细化分析，根据城市老年人的养老需求来整合各类资源，打造品牌，突出特色；最后，要统筹规划，对于凉山州村落式养老产品的开发和设计需要做到统筹规划，旅游本身就是一个整体，其产品、服务设施等需要满足衣、食、住、行、购、娱各个方面，因此，在发展村落式养老的过程中，需要突出重点、统筹兼顾，促进这一事业的长远化与科学化发展。

第二，科学开发养老产品。根据全球休闲与旅游产业的发展规律，一个国家或地区人均 GDP 超过 3000 美元时，休闲旅游消费将快速增长。近年来，我国的人均 GDP 不断提升，人们的休闲消费需求显著增加。目前，城市老年群体闲暇时间多，他们文化素养高，对于村落式养老的需求也较大，民族地区的一些村落生态环境优美，可以根据当地的资源特色和村落分布融入文化内容，打造主题，充分满足城市老年人的养老度假需求。除此之外，城市老年人普遍渴望享受乡村的宁静和休闲，因此，在开发养老产品时，可从四个方向来着手：一是开发农业观赏区，传统村落的植物类型较多，可以打造优美的农业观赏区，使景观更具观赏性，吸引老年游客的进入；二是乡村聚落景观，民族地区大多数村落都有着古朴的气质，基于原有的文化和气质来改造村落面貌，在不影响原有格局的情况下完善设施，融入当地文化内容，能够为老年人带来全然不同的文化体验和视觉盛宴；三是发展采摘果园，打造老年人能够自己动手的四季果园，既可以观光游乐，又能够丰富老年人的业余生活；四是设置农耕乐园，规划一些农业用地，老年人通过参加简单的农业活动能够放松身心、丰富生活，种植出的农产品既能够赠送亲友，也可自己食用。

第三，完善配套设施。配套设施是保障一个地区生产、生活顺利进行的物质基础，在传统村落中，基础设施建设内容包括交通设施、水、电、教育、卫生等。为了加大村落式养老，政府需要增加投入，吸纳社会资金的进入，充分发挥出乡村振兴战略的优势。合理规划老年人所需的配套设施，比如，修建一些以养生为主题的广场、公园等，配备购物超市，让老年人能够就近购买生活所需物品，在各个村落中，也要设置医疗点，满足老年人的医疗和保健需求。另外，还要提高服务从业者的综合素质，抓好从业人员的教育工作，定期组织调研学习，全面提高其服务能力。

第四，加大对外宣传。当前，我国的村落式养老还是一项新生的养老模式，处于初级发展阶段，大多数老年人对异地养老这种新模式并不熟悉。因此，还需要做好宣传工作，让更多城市老年人能够认识到村落式养老的魅力所在。在宣传媒介上，需要充分发挥出电视和报纸的主导作用，并且积极利用新媒体等多种营销方式，做到突出重点、联动行业，吸引更多老年人关注村落式养老。

第五，发挥政府引领作用。不管是乡村振兴还是村落式养老的发展，政府都处于主导地位，政府方面要进行监督和引导，明确村落式养老的战略定位，设置专门的统筹小组，并且大力吸纳外资的进入，聘请专业团队和相关人才来进行统筹规划，并出台一系列的优惠政策。目前，大多数村落式养老面临的最大问题就是资金短缺，如果资金落实不到位，即便规划再好也无法最终落实。对此，需要结合凉山州的实际情况出台对应的资金筹措措施，在发挥政府主导作用的同时，吸纳信托公司、社会基金、民间资本的进入，还可以采用企业、政府、业主、居民共同经营的管理模式，鼓励当地居民入股，而政府则要正确处理好居民和开发商之间的关系，保障村落居民的合法权益，根据城市老年人的养老需求，采用长期和短期租赁结合的方式，满足不同群体的养老诉求。

（二）大力发展乡村旅游

1. 创新乡村旅游营销模式

（1）革新营销理念

乡村旅游营销是展览业、餐饮服务业、旅游业、交通运输业的关联效应，需整合行业优势资源，培育整体营销意识，在服务接待、配套设施、整体促销上发挥出产业的集群效应。具体来看，要精准招商，重点引入乡村旅游产业链上的相关企业，提升服务保障能力，依托会务中心、文化景点、运动场所等打造乡村旅游产业集聚平台，鼓励优势服务企业借助并购等方式整合资源，提升产业配套能力，支持旅游企业与行业部门之间建立战略联盟，发挥行业的自律性，形成以旅游龙头企业为带动，企业为补充、活动为辅助的综合产业链。

（2）明确市场定位

不同定位策略反映出不同的竞争战略，根据我国乡村旅游营销的发展来看，整个营销体系将会朝着基于"主题营销""消费者导向定位营销"两个方向发展。具体来看，可使用两种定位方式：第一，主办导向定位：该种模式是基于乡村旅游主办商意愿开展的营销，更加侧重于社会效益性，主办导向定位往往是笼统的主观意愿，在现实情况下，市场经济环境会与实践之间存在冲突，此时，就需要根据实践来进行修正，此类定位方式多用于大型的旅游活动中；第二，受众导向定位：在该种模式中，受众是核心，在筹办、组织阶段，根据观众需求来明确乡村旅游定位，这与现代营销学理论的以客户为中心原则相符。

（3）开发旅游产品

食、住、行、游、购、娱作为旅游六要素是乡村旅游产生和发展的基础。乡村旅游产品的开发是旅游营销的必要条件，乡村旅游有显著特征，旅游产品的开发也有所不同，开发旅游产品需要更新观念，在利用其本身资源优势的基础上，将各类资源优化组合起来。在旅游产品的开发上，不同主体适合的开发模式不同：

对于饭店，需针对游客需求对设施、设备进行改造与更新，对原有的商务中心、通信网络、会议设施进行改造，做好客户档案的保留、存档，加强与各个合作单位的联系，把握市场发展动向；对于旅行社，在介入乡村旅游市场之后，可以提供代订客房、票务、餐饮、参观游览、娱乐消遣等活动，为游客省去不必要的麻烦。旅行社需根据目标群体、具体市场定位来提供服务，按照不同游客的需求来设计短线旅游线路，不仅可以为旅行社带来额外收入，还可以有效避免恶性竞争；对于旅游景区，要争取与举办方的合作，派专人到场地提供咨询、宣传，提升自身影响力，吸引更多游客。为了实现乡村旅游的时间短期化、旅程便捷化、内容休闲化，中间销售商需承担组合、分销作用，了解游客需求，将住宿、交通、娱乐、美食进行组合，打造综合性旅游产品。

（4）组织网络营销

2024 年 3 月 22 日，中国互联网络信息中心（CNNIC）在北京发布第 53 次《中国互联网络发展状况统计报告》显示，截至 2023 年 12 月，我国网民规模达 10.92 亿人，较 2022 年 12 月新增网民 2480 万人，互联网普及率达 77.5%。网络营销是目前非常流行的营销模式，为了更好地满足市场要求，还需大力组织网络营销。一方面，做好乡村旅游信息化建设，建立起业务完善的内部信息系统，实现游客资料、旅游项目的统一储存、修改与发布，打造出便捷服务链，提供高效的协作平台。另一方面，重视网络宣传推广，丰富网络宣传形式，针对不同的乡村旅游项目，建立专门的官网、微信、微博、抖音号等，增加宣传频次和宣传数量，结合搜索引擎、网络广告、邮件营销等模式，达到理想的网络宣传目的。另外，大力发展网上会展，利用网络虚拟展会平台，为各个主体提供互动交流、在线展示平台。在网络营销上，重点发展大数据营销，打造行业资源数据库、会展旅游数据库、参展客商数据库、观展者数据库、合作企业数据库等，提升乡村旅游项目的运营质量。

2. 提供服务保障体系

（1）建立配套服务体系

建立乡村旅游业政务服务与统计监测体系，明确具体的职责分工，开辟调查渠道，以产品价值、活动服务、项目规模作为流程框架，精准评估乡村旅游质量标准，完善知识产权保护体系，提供法律支持，建立资质审核认证体系，健全企业的准入审核机制。

（2）健全乡村旅游保证制度

首先，成立行业协会：行业协会能够借助市场手段来维护行业的内部秩序，在产业内部享有威望，市场号召力非常强，能够起到协调、监督作用。对此，要严格按照国家规定建立会展管理服务机构，因地制宜地走特色产业发展道路，尽快建立城市会展旅游协会，在行业自律、市场手段的结合下，为乡村旅游的发展提供保障。其次，完善政府的行业职能管理：及早成立职能管理部门，出台具有可操作性的管理办法，明确乡村旅游领导小组，负责统筹相关工作，界定好各个机构的边界与职责。设置好乡村旅游服务中心，为乡村旅游营销工作提供良好的运行环境。最后，加大产业扶持力度：整合乡村旅游业资源，发展新型乡村旅游媒体、建立企业认证体系，严厉打击乡村旅游活动的各项不正当竞争行为，落实税收等优惠政策。

3. 抓好从业人员职业教育

根据当前乡村旅游的发展进展来看，其需要的人才主要包括六种类型：一是乡村电商人才，如直播人才、电商营销人才、电商规划人才、电商技术型人才；二是创业带头人才，此类人才需具备一定的创新创业能力，具有良好的乡土情怀，富有责任心，可带领广大农民创业致富；三是文化传承型人才，包括手工艺者、非物质文化遗产传承人；四是策划创意类人才，包括与乡村旅游发展相关的各类项目规划和优秀创意类人才；五是导游类人才，掌握讲解方法，善于沟通，有良好的礼仪；六是服务人才，包括景区、乡村餐饮等各项产业的服务类人才，此类人才要具备良好的服务态度，掌握礼仪规范，具备扎实的业务技能和文化知识，可以胜任服务岗位的要求。根据乡村振兴背景下对乡村旅游从业人员类型和能力的要求，需从以下两个方向提供教育：

（1）发挥政府主导作用，倡导多方主体合作

乡村振兴背景下乡村旅游的发展是以政府为主导，对于从业人员的职业教育，也要发挥出政府的牵头作用，予以政策扶持，使乡村旅游从业人员认识到参加培训的重要性。由政府主导，将企业、相关机构、个人纳入其中，为乡村旅游从业人员的职业教育提供可靠平台。

第一，强化培训意识。为了助推乡村旅游的发展，要求乡村旅游从业人员改变自身的思想观念，树立现代化服务理念，主动接受现代化思想观念，将所学的理论转化为实际。当前，在民族地区传统村落中，多数乡村旅游从业人员是当地居民、返乡农民工、农民，他们对于乡村振兴、乡村旅游的理解不够透彻，认为只要为游客简单地提供景点指引、住宿、餐饮即可，缺乏多样化服务意识，尽管有学习的意愿，但是学什么、如何学，他们还不甚了解。对此，地方政府要重视培训和宣传，制定行之有效的培训方案，利用当地资源强化从业人员对职业培训的认知，通过多渠道提高其职业能力。

第二，增加培训经费投入。民族地区传统村落乡村旅游的从业人员多是本地居民，主要集中在特色产品销售、客栈、民宿、农家乐几个场所。从调查来看，培训费用投入不足也是影响其培训参与效果的一项重要因素。因此，政府需要为参与培训的人员提供补贴，将其纳入政府财政预算，争取带动各个主体的共同参与，鼓励旅游企业、个体经营户和全社会共同参与对乡村旅游从业人员的培训。

第三，重视师资队伍的建设。要满足乡村旅游人员职业培训的需求，需要建立一支优秀的师资队伍，不仅要求教师具有高职称、高学历，还要有乡村旅游行业的从业经验。对此，需引进企业管理者、行业专家前来授课，还可从当地的农业旅游示范基地、农家乐、乡村旅游景区中甄选业务骨干、优

秀管理者以及高职院校教师组成师资队伍，这可以很好地将理论、实践结合起来，用规范、系统的培训方法提高乡村旅游从业人员的职业技能。

（2）优化培训内容设计，打造多元培训体系

第一，合理安排培训时间。根据乡村旅游从业人员的实际情况来优化培训时间。在以往，培训往往是紧张的短期培训，传授的内容也不够系统化，导致从业人员获取的知识量不够。实际上，在多数地区，乡村旅游的淡旺季明显，在旅游旺季，从业人员的工作较多，时间比较紧迫，培训可以短期培训为主，到了淡季再安排系统化的长期培训。整个培训体系要做到合理规划，根据从业人员的实际情况来合理安排，有效利用起他们的业余时间，在最短时间内提高其综合能力。

第二，优化培训层次。当前，我国乡村旅游正在朝着多元化、数字化的方向发展，涉及的岗位类型也越来越多，不同岗位为游客提供的服务内容千差万别，各岗位对于人员的工作能力、知识储备要求也各不相同。因此，在培训内容方面，还需根据从业人员具体岗位需求来灵活调整，改变传统"一刀切"式培训方式，根据从业人员的不同层次采用分班制度。比如，针对服务岗位人员，可集中开展服务技能、专业基础知识培训；对于经营管理者，则为其提供市场营销、人力资源管理方面的知识，以提高其管理能力。此外，还可以根据不同的从业内容开发涵盖民宿、客栈、餐饮饮食、农林采摘、导游服务方面的培训模块。

第三，丰富培训内容与方法。不同年龄、职业、教育背景的乡村旅游从业人员，其倾向的培训内容和培训方式不同，需根据他们的从业需求和特点来丰富培训内容。例如，目前"互联网+"乡村旅游是一个新的发展热点，为了带动乡村旅游从业人员来从事"互联网+"乡村旅游，可以针对其从事岗位的特点来设计培训内容，抓好基础教育，强化职业心理素质、创新能力

方面的教育。培训内容还要突出当地乡村旅游的特色，与民间艺术、景观文化、传统民风等相结合，让乡村旅游能够办出特色。在培训方法上，建议将多种方式相结合，如采用小组讨论、网络教学、专家讲解、参观考察、视频播放、实践指导等培训方法，增加信息化培训设施，通过多种方法的交叉配合和使用，充分满足大多数从业人员的培训需求，实现理论和实践的深度结合。这样，从业人员不仅可以到现场听讲座、寻求指导，也能够通过线上课程来学习新知。

第四，建立科学的考核标准。科学、完善的考核标准是助推乡村旅游从业人员工作规范化开展的一条途径，也是提高培训质量的必要举措。可以参考柯氏四级培训评估模式，这是当前应用较广的一项培训效果评估模型，可以观察从业人员的反应，检查其学习效果，还能够评估出从业人员在接受培训前后表现和业绩上的变化。通过对从业人员的学习、反应、行为、结果几个指标进行评估与考核，打造出立体化的考核标准，为后续培训工作改进提供经验和教训。除此之外，还要注重收集信息反馈，将事中反馈、事后反馈结合起来，及时调整培训计划，具体可针对乡村旅游从业人员、游客来开展问卷调查，根据调查结果明确从业人员缺失的能力，在后续培训工作中根据反馈信息来制定培训计划。

第五，提高人员职业能力，紧跟时代发展步伐。人才是乡村旅游发展的关键，我国的乡村旅游行业发展时间不长，在村落旅游的发展中，缺乏人才是一个普遍情况，要提高乡村旅游从业人员的各项能力，除了要使之掌握相关的专业知识之外，还要重点培育其职业能力，使之能够成为适应乡村旅游产业发展的创新复合型、全面发展型人才。要提高其职业能力，需从职业品质、职业知识和职业技能三个方面来入手：

在职业品质上，这是从业人员对所从事职业了解程度和适应能力的表现，职业品质与个体的年龄、受教育程度、周围环境、工作经验都有一定关系。当前，乡村旅游从业人员的职业道德水平参差不齐，在培训中，需要引导其坚持诚信公道、文明服务等理念，并抓好法律法规培训，提高从业人员的法律素养，锻炼其职业适应能力，使之能够更好地为游客服务，也只有具备良好的职业素养，才能顺应乡村旅游的发展要求。

在职业知识上，个体的知识水平直接影响其能力的发挥，乡村旅游涉及食、住、行等各个方面，在职业知识的培养上，要帮助乡村旅游从业人员掌握当地文化景观的景点标识、特色建筑、服务设施等，让他们详细了解当地的餐饮特色、类型与分布等，注重提高从业人员的急救与护理能力。旅游服务并不是简单为游客的旅游过程提供服务，还需要将服务拓展至游前和游后，从业人员必须要有丰富的职业知识才能满足这一诉求。

在职业技能上，这是从业人员将所学知识应用到实际旅游服务中的一项能力，乡村旅游从业人员面对的主要群体就是游客，怎样与游客正确地交流、如何分析游客特征、怎样融入到游客群体中，是对从业人员职业技能的考验。在这一方面，需要注重提高从业人员的沟通能力，使之掌握游客特征的分析方法，在短时间内了解游客需求，为游客提供精准服务。另外，为了助推乡村旅游文化与"互联网+"之间的结合，还要提高从业人员的信息化、数字化操作水平，锻炼其网络预订服务、网络营销技能，使从业人员可以紧跟"互联网+"乡村旅游的发展步伐。

（三）发展少数民族传统文化——以凉山州彝族为例

在传统村落的发展过程中，绝不能忽视其中的文化价值，凉山州历史悠久，其传统村落中也凝聚了独具代表性的彝族传统文化。传统文化的发展是一项长期、系统的工程，需要诸多主体的共同参与和通力合作。

1. 政府提供政策指导与财政补助

（1）加强部门的通力合作

当地政府应将彝族文化的发展列入重要议事日程之中，组织各个部门共同负责，统一协调彝族文化发展中的各项问题。凉山州应当尽快成立领导协调机构，建立起一个相互协调、分级管理、良性互动的推进机制。为了大力发展传统彝族文化，还需要严格按照《中华人民共和国非物质文化遗产法》的相关要求，将凉山州彝族文化纳入财政预算，增加财政扶持，加大对专业人员的培训力度，确保这项工作能够从组织、政策、经费、人才队伍等方面来进行落实。

（2）构建彝族文化数据库

加强传统村落基础设施建设，构建完善的彝族公共文化服务体系，对于人口达到一定规模的一些村寨广场，需提供运动器材供群众使用。对于一些濒危、珍贵的彝族文化，要做好收集和抢救工作，构建彝族文化数据库，做好收集、整编和存档工作，使得传统彝族文化发展能够朝着信息化的方向来进行。

（3）提高彝族文化开发力

利用当地群众喜闻乐见的传统表演艺术将彝族文化融入到乡村旅游发展中，建立彝族民间文化产业基地，开发以彝族文化为代表的旅游纪念品，制定一系列的文化经济政策，吸引外资的进入，打造一批极具特色的传统村落非物质文化遗产产业品牌，使彝族文化能够朝着产业化的方向来发展。

（4）做好彝族文化宣传工作

在各级文化站、县级中学以及中小学之中，有必要设置彝族文化展览馆，将区域内有代表性的艺术藏品收藏在内，这既可以起到宣传作用，还能使更多的受众感受传统村落宝贵的彝族文化。此外，举办彝文培训班，邀请民间艺人进入，定期组织培训班、研讨会，将村落中的彝族传统文化发扬光大。

2. 文化发展组织发挥优势

设置彝族文化发展组织，这一组织应当是独立性的民间组织，集多种功能于一体，以发展彝族文化、保护传统村落为己任，在政府的领导和监督下发展彝族文化产业。彝族文化发展组织需要有完备、系统的活动机构，各个部门分工明确、人员配备合理。在组织机构内部，需要设定宣传部、组织策划部、执行部、文化部、监督小组等，组织成员应由各方精英组成，有政府工作人员也有民间组织管理人才，成员行业需涉及文化、教育、政治等各个方面，小组各部门都有独立的职责、任务和工作内容，部门之间相互联系，共同整合凉山州传统村落中的彝族文化资源，全力做好民族传统文化的传承和发展工作。

3. 社会力量的广泛参与

（1）企业的支持

彝族传统文化的发展离不开社会力量，应鼓励更多社会成员的共同参与。在这一过程中，需要在以政府为主导在发挥组织作用的基础上，鼓励社会力量进入，这不仅可以提升彝族文化的发展合力，还能够建立一种共同团结、积极奋进的良好氛围。对于支持彝族传统文化发展的企业，政府可以在税收上予以政策扶持，进行适当减免。对于在彝族传统文化传承和发展中做出贡献的企业、社会人士、社会团体等要予以奖励和表彰，提高其他主体的参与积极性。还可以由政府带领企业、个人用互利共赢的合作模式参与进来，将传统村落彝族文化的发展活动与商业活动巧妙结合起来。

（2）吸引精英团体与非政府组织的参与

精英团体与非政府组织在彝族文化的传承上有着明显优势，需要发挥出此类群体的资源优势，大力争取其关注和支持，不断提高凉山州传统村落彝族文化圈的辨识度和知名度。例如，可以共同开发彝族刺绣制衣业、彝族山寨风情园、彝族传统项目、彝族传统文化演艺队等，利用这种符号性的产业使得彝族文化能够走出传统村落，被更多的社会大众所接受和认识。通过精英团体和非政府组织的参与，可以取得更好的发展成效。

4. 提高全民认知度

（1）将彝族文化与群众文化结合

群众文化是以人民群众的精神生活需求为导向，以教育、娱乐为目的开展的一种文化活动，有着传承性、普及性和综合性的特点。群众文化属于主流文化的一种形态，但是却没有主流文化的强制性特点。在传承与发展彝族文化的实践中，群众文化也备受关注。彝族文化是传统村落彝族居民世代传承下来的一种文化空间和文化形式，是历史发展的见证，也是一种珍贵的文化资源，发展彝族文化对于提高全民文化自信、促进社会的和谐发展具有重要意义。

为了借助群众文化来发展传统村落的彝族文化，需要转变思想观念，树立保护意识，相关部门要深度挖掘彝族文化内容，寻找其与群众文化之间的关联，进行针对性的保护，拓宽群众文化建设范围。要借助群众文化来传承彝族文化，那么就需要树立保护意识，建设科学的继承和发展机制，寻找彝族文化与群众文化之间的连接点，鼓励非物质文化遗产传承人共同参与进来，通过非物质文化遗产来展现群众文化的魅力，吸引更多群众的参与。在这一过程中，实现彝族文化、群众文化之间的相互促进、共同发展，既可以帮助更多群众了解彝族文化，也可以进一步丰富群众的文化生活，吸引更多人参与到彝族文化的传承工作中。

对于彝族文化的传承，需要遵循"三贴近"原则，为了让更多群众接受彝族文化，还需要重点表现出此类文化的团结力和亲和力。从调研情况来看，广大群众不仅渴望得到丰富文化的熏陶，更希望可以欣赏到本土优质、独特的文化内容，这种内容既能够增强群众的文化自豪感，也能够带来其他外来文化不可比拟的亲切感。随着社会经济水平的发展，人们对于精神方面的要求越来越高，因此，在彝族文化与群众文化的结合过程中，要贴近实际情况，充分了解群众的所思所想，将本土彝族文化与群众文化融合起来，进行科学的包装，打造出具有吸引力的群众文化展示形式，通过各类娱乐文化活动来提高群众的参与热情，使之能够自发讨论、参与表演，共促彝族文化的传承。

（2）以教育促进彝族文化发展

第一，更新教学理念。在目前的教学中，依然是以讲述知识为主，在凉山州本地的学校中，涉及彝族文化方面的教学很少，新一代的孩子们对于传统村落、彝族传统文化了解不深。作为教师，不仅要关注常规教学任务，还要发挥出自身在文化传播上的任务。教师应研读教学标准，不仅要提高学生的综合能力，还要为学生提供学习、理解、鉴赏彝族文化的契机，帮助学生坚定文化自信。教师在日常生活和学习中需要下意识地关注彝族文化内容，针对性地引入此类知识，使学生感知到彝族文化的感召力。教师自身也需通过多渠道学习彝族文化、传统村落的内容，提取其中的精髓内容，提高自身文化底蕴，构建自我文化体系，锻炼彝族文化表达能力，深度进行查缺补漏，成为一名终身学习者。教师还要积极参与各类培训、彝族文化讲座、学习交流会，提高自身的文化表达能力。

第二，优化教学方法。融入彝族文化的教学活动与以往的教学模式应当具有差异。教师在课堂上还需创新方法，除了为学生直接讲述之外，还可以通过文化实践、文化讨论、文化对比、文化拓展等方式来传输彝族文化。文化实践就是鼓励学生在课堂或者课外开展文化交际、拓展练习的实践方式，比如，可以邀请学生在课后调查本地的文化遗产，尝试写出调研报告；文化讨论就是利用彝族文化与其他民族文化的差异来引发讨论，调动学生学习彝族文化的兴趣，锻炼其批判性思维能力；文化对比可以有效提高学生的对比和鉴赏能力；文化拓展则是学生喜闻乐见的一种教学方式，在讲述与彝族文化相关的知识点时，即可引入相关的背景材料，进行深度拓展，如播放相关的纪录片，介绍彝族文化的历史、意义等知识点，提高学生的文化敏感性。

除此之外，还要发挥出现代化信息技术的作用。信息技术的发展改变了传统课堂教学方式，也使得教学活动不再枯燥乏味，在客观上增加了学生接触彝族文化的时间。教师在课堂上讲述彝族文化的知识点之后，在课外可以通过网络来搜索，进行拓展学习，还可以借助慕课、微课等了解彝族文化知识点，这种便利、快捷的自主学习方式能够显著弥补课堂教学实践的不足。

参考文献

［1］白兴发．彝族禁忌的起源及演变试探［J］．云南民族学院学报（哲学社会科学版），2003（3）：78-81.

［2］蔡健婷，郑超妹，李晓悦，等．漓江流域传统村落旅游开发现状与对策研究［J］．湖北林业科技，2020（1）：68-70+73.

［3］陈同滨．《历史文化名城名镇名村保护条例》强调整体保护理念，重视保护规划的作用［J］．城乡建设，2008（6）：54.

［4］程世丹，李永高，李欣，等．文化基因视角下传统村落保护与发展策略研究——以宜昌市翟家岭村为例［J］．湖北农业科学，2022，61（2）：127-135.

［5］丁俊清，杨新平．浙江民居［M］．北京：中国建筑工业出版社，2009.

［6］冯骥才．保护传统村落是"惊天"行动［J］．新城乡，2014（9）：2.

［7］冯骥才．传统村落的困境与出路——兼谈传统村落是另一类文化遗产［J］．民间文化论坛，2013（1）：7-12.

［8］郝彧．凉山彝族家支的权力结构与彝区乡村秩序控制［J］．西南民族大学学报（人文社科版），2018，39（11）：43-47.

［9］何云华．传统村落保护发展规划实施研究——以红河哈尼梯田遗产区阿者科村为例［D］．昆明理工大学硕士学位论文，2017.

［10］何治民，江涛，瞿州莲．困境与出路：乡村振兴视角下湘西土家族传统村落保护问题与应对策略研究——基于湘西龙山老洞村的实地调查［J］．牡丹江大学学报，2022，31（6）：88-94.

［11］侯宝石．凉山彝族民居建筑及其文化现象探讨［D］．重庆大学硕士学位论文，2004.

［12］胡杏云．传统古村落的保护与发展——以宁波余姚柿林村为例［J］．宁波大学学报（理工版），2005（4）：500-505.

［13］胡燕，陈晟，曹玮，等．传统村落的概念和文化内涵［J］．城市发展研究，2014（1）：10-13.

［14］黄淑娟，周立勤，关业培．乡村振兴背景下传统村落保护与发展研究——以桂林市灵川县江头村为例［J］．中外建筑，2019（2）：60-63.

［15］孔惟洁，何依．"非典型名村"历史遗存的选择性保护研究——以宁波东钱湖下水村为例［J］．城市规划，2018，42（1）：101-106+111.

［16］李丽娟．乡村旅游中"乡土性"的传承与保护［J］．社会科学家，2021（5）：57-62.

［17］李璐．磐安"炼火"文化的传播研究——以大皿村为例［D］．华东师范大学硕士学位论文，2018.

［18］李秋香，罗德胤，贾珺．浙江民居［M］．北京：清华大学出版社，2010.

［19］李文青．传统村落文旅融合发展助推乡村振兴的路径研究——以

黔东茶园山为例［J］. 南方农机，2021，52（16）：71-73.

［20］林琳，田嘉铄，钟志平，等. 文化景观基因视角下传统村落保护与发展——以黔东北土家族村落为例［J］. 热带地理，2018，38（3）：413-423.

［21］刘大均，胡静，陈君子，等. 中国传统村落的空间分布格局研究［J］. 中国人口·资源与环境，2014，24（4）：157-162.

［22］彭雁翎. 文旅融合背景下乡村传统文化传承与保护分析［J］. 旅游纵览，2021（13）：115-117.

［23］荣玥芳，刘洋. 乡村振兴背景下传统村落保护与发展策略研究——以界岭口村为例［J］. 北京建筑大学学报，2020，36（1）：32-39.

［24］孙庆忠. 社会记忆与村落的价值［J］. 广西民族大学学报（哲学社会科学版），2014，36（5）：32-35.

［25］唐钱华，拉马文才. 身体实践与文化隐喻：基于凉山彝族毕摩与苏尼的探究［J］. 社会科学研究，2019（4）：113-118.

［26］汪浩源，郑绍江. 乡村振兴战略背景下"非典型村落"更新与保护应用研究——以云南母格村为例［C］. 2020世界人居环境科学发展论坛论文集，2020.

［27］王吉伟，刘晓明. 基于宗族结构的钓源、燕坊古村村落肌理研究［J］. 华中建筑，2018，36（7）：100-104.

［28］王娟，李梦婷. 湖南传统村落公共空间营造与分析——以岩口山村为例［J］. 南方农机，2017，48（18）：175-176.

［29］王美麟. 西安市阎良区非典型传统村落的空间形态研究［D］. 长安大学硕士学位论文，2020.

［30］王美麟，蔡辉，张瑜茜. 基于空间句法的"非典型传统村落"保

护与利用研究——以咸阳市泾阳县岳家坡村为例［J］．西部人居环境学刊，2020，35（2）：67-73.

［31］王乃霞．皖南传统村落保护与发展路径探析——以黟县碧山村为例［J］．美与时代（城市），2021（5）：120-121.

［32］王小明．传统村落价值认定与整体性保护的实践和思考［J］．西南民族大学学报（人文社科版），2013，34（2）：156-160.

［33］魏葆琪．乡村振兴背景下民居改造设计分析［J］．江西建材，2022（8）：355-357.

［34］文永辉．新型城镇化建设背景下传统村落的法治化保护探析［J］．求实，2018（1）：87-98+112.

［35］翁线珍，崔丽敏，邵秀英．晋城市传统村落空间分布格局及影响因素研究［J］．南方农机，2022，53（3）：64-67.

［36］吴桃．论凉山彝族"家支"制度文化［J］．人民论坛，2013（2）：194-195.

［37］吴晓庆，张京祥，罗震东．城市边缘区"非典型古村落"保护与复兴的困境及对策探讨——以南京市江宁区窦村古村为例［J］．现代城市研究，2015（5）：99-106.

［38］吴尧，Francisco Vizeu Pinheiro. 建筑遗产保护整体性原则的重新解读［J］．合肥工业大学学报（自然科学版），2010，33（2）：279-282.

［39］夏周青．构建传统村落保护性发展的良法框架［J］．中共山西省委党校学报，2016，39（1）：95-98.

［40］闫小沛，张雪萍．城镇化进程中的乡村文化转型：文化变迁与文化重构——基于物质文化、制度文化与精神文化层面［J］．华中师范大学研究生学报，2014（1）：4.

［41］杨鸣佳．立法保护，留住永久的乡愁［J］．浙江人大，2019（1）：46-48.

［42］杨艳霞，吕永健．贵州省传统村落保护与乡村旅游协同发展研究［J］．乡村科技，2021，12（31）：47-49.

［43］余丹．传统村落保护和发展中的政府职能问题研究——以南平市建阳区为例［J］．南方农机，2017，48（18）：129-130.

［44］张勃．传统村落与乡愁的缓释——关于当前保护传统村落正当性和方法的思考［J］．民间文化论坛，2015（2）：15-24.

［45］张海平．传统村落保护与旅游开发的协同发展策略研究——以南平市北岩井后村为例［J］．江西建材，2022（1）：229-231.

［46］张烜若．乡村振兴视阈下红色文化旅游资源的保护与开发——基于四川省苍溪县红色资源的调研［J］．旅游与摄影，2021（12）：66-68.

［47］赵峻锋．哈尼梯田遗产区非典型传统村落人居环境良性发展研究［D］．昆明理工大学硕士学位论文，2015.

［48］赵筠风．福州烟台山文化景观选择性保护及规划研究［D］．福建农林大学硕士学位论文，2016.

［49］周刚志，曾容．论我国传统村落保护立法：理据、现状与体例［J］．邵阳学院学报（社会科学版），2021，20（2）：47-54.

［50］朱婉莹．以重构地域精神为导向的磐安县大皿村文化礼堂空间营造［D］．浙江理工大学硕士学位论文，2017.

［51］Ahmad A. The Constraints of Tourism Development for a Cultural Heritage Destination：The Case of Kampong Ayer（Water Village）in Brunei Darussalam［J］. Tourism Management Perspectives，2013（8）：106-113.

［52］Antrop M. Why Landscapes of the Past are Important for the Future

[J]. Landscape and Urban Planning, 2003, 70 (1): 21-34.

[53] Bourdieu P. The Forms of Capital. In J. Richardson (Ed.), Handbook of Theory and Research for the Sociology of Education [M]. New York: Greenwood Press, 1985.

[54] Fonseca F P, Ramos R A R. Heritage Tourism in Peripheral Areas: Development Strategies and Constraints [J]. Tourism Geographies, 2012, 14 (3): 467-493.

[55] MacCannell D. The Tourist: A New Theory of the Leisure Class [M]. New York: Shocken, 1976.

[56] Rigg J. Redefining the Village and Rural Life: Lessons from South East Asia [J]. Geographical Journal, 1994, 160 (2): 123-135.

[57] Ryberg-Webster S. Heritage Amid an Urban Crisis: Historic Preservation in Cleveland, Ohio's Slavic Village Neighborhood [J]. Cities, 2016 (5): 10-25.

[58] Schiller A. Pampang Culture Village and International Tourism in East Kalimantan, Indonesian Borneo [J]. Human Organization, 2001, 60 (4): 414-422.

[59] Sluman B. Tourism, Recreation and Conservation [J]. Environmentalist, 1985, 5 (4): 306.

[60] Summers G F, Brown D L. A Sociological Perspective on Rural Studies [J]. American Journal of Agricultural Economics, 1998, 80 (3): 640-643.